CHINA'S FOREIGN AFFAIRS
LES AFFAIRES ÉTRANGÈRES DE LA CHINE

指导委员会	Steering Committee	Comité de direction

主 任 委 员：王　毅

副主任委员：张业遂

委　　　员：李保东　王　超　程国平
　　　　　　刘振民　张　明　郑泽光
　　　　　　刘建超　钱洪山

Director:　Wang Yi

Associate Director:　Zhang Yesui

Members:　Li Baodong　Wang Chao　Cheng Guoping
　　　　　Liu Zhenmin　Zhang Ming　Zheng Zeguang
　　　　　Liu Jianchao　Qian Hongshan

Directeur:　Wang Yi

Directeur adjoint:　Zhang Yesui

Membres:　Li Baodong　Wang Chao　Cheng Guoping
　　　　　Liu Zhenmin　Zhang Ming　Zheng Zeguang
　　　　　Liu Jianchao　Qian Hongshan

编辑委员会

主任委员：蔡 润　李惠来　张建敏　马凤春

副主任委员：汪文斌　徐飞洪　李 超

委　　员：（按姓氏笔画为序）

马占武　付吉军　刘永凤　刘劲松

华 宁　孙伟德　许 晖　张钧安

张 滔　李 杨　李津津　肖军正

肖建国　周平剑　罗养毅　侯艳琪

倪晓京　桂从友　黄 屏　操向农

Editorial Board

Directors: Cai Run Li Huilai Zhang Jianmin Ma Fengchun

Associate Directors: Wang Wenbin Xu Feihong Li Chao

Members:

(Listed in the order of the number of strokes in their surnames)

Ma Zhanwu　Fu Jijun　Liu Yongfeng　Liu Jinsong

Hua Ning　Sun Weide　Xu Hui　Zhang Junan

Zhang Tao　Li Yang　Li Jinjin　Xiao Junzheng

Xiao Jianguo　Zhou Pingjian　Luo Yangyi　Hou Yanqi

Ni Xiaojing　Gui Congyou　Huang Ping　Cao Xiangnong

Comité de rédaction

Directeurs: Cai Run Zhang Jianmin Li Huilai Ma Fengchun

Directeurs adjoints: Wang Wenbin Xu Feihong Li Chao

Membres:

(Liste ci-après établie selon le nombre de traits du caractère du nom de famille, par ordre croissant)

Ma Zhanwu　Fu Jijun　Liu Yongfeng　Liu Jinsong

Hua Ning　Sun Weide　Xu Hui　Zhang Junan

Zhang Tao　Li Yang　Li Jinjin　Xiao Junzheng

Xiao Jianguo　Zhou Pingjian　Luo Yangyi　Hou Yanqi

Ni Xiaojing　Gui Congyou　Huang Ping　Cao Xiangnong

序

潮平两岸阔，风正一帆悬。二零一四年，中国外交迎来全面进取的丰收之年。在以习近平同志为总书记的党中央坚强领导下，我们从容应对国际形势风云激荡，努力为实现民族复兴梦想营造有利外部环境，更加主动在国际和地区事务中发挥负责任大国作用。

一年来，在高层交往的引领和带动下，我国全方位外交结出累累硕果，初步形成遍布全球的伙伴关系网络。我们成功举办亚洲相互协作与信任措施会议第四次峰会和亚太经合组织第二十二次领导人非正式会议两大主场外交，一个主打安全，一个聚焦发展，留下深刻历史印记。我们积极应对和参与各类地区热点问题的和平解决，展现大国担当，发挥独特作用。『一带一路』等中国倡议产生积极反响，共商、共建、共享等中国理念赢得普遍赞誉，为欧亚大陆插上了振兴翅膀，为世界发展提供了中国机遇。『以人为本、外交为民』宗旨得到深入贯彻，海外民生工程切实向前推进。『汉语热』、『中国风』席卷全球，中国声音被广为倾听，中国作用备受瞩目，中国形象深入人心。

《中国外交》画册通过300多幅珍贵图片，全面、生动再现了过去一年中国外交的壮美历程。浏览完画册，相信大家能够体会到中国人民同世界人民的友好情谊，感受到中国国际地位蒸蒸日上的昂扬气势，领略到中国与世界各国合作共赢的广阔前景。

谨以此画册敬飨关心中国外交的国内外广大读者朋友。期待踏上新征程的中国外交继续得到您的大力支持！

王 毅

二零一五年一月

Foreword

The year 2014 was a great year for China's diplomacy, as aptly described by an old Chinese poem: Surging tides drive the sails full speed ahead. Under the leadership of the Central Committee of the Communist Party of China with Comrade Xi Jinping as General Secretary, we stayed the course and responded with confidence to the drastic changes in the international landscape, made great efforts to foster an enabling external environment for realizing the Chinese dream of national renewal, and we are fully engaged in regional and international affairs as a responsible major country.

Last year, boosted by frequent high-level exchange of visits, China's diplomacy achieved great progress on all fronts, and a global network of partnerships is taking shape. China successfully hosted the fourth Summit of the Conference on Interaction and Confidence Building Measures in Asia and the 22nd APEC Economic Leaders' Meeting. These two important diplomatic events, focusing on security and development respectively, stand as historical milestones. China was actively involved in working for the peaceful settlement of regional hotspot issues, fully demonstrating its sense of responsibility and playing its unique role as a major country. China's Silk Road Economic Belt and the 21st Century Maritime Silk Road Initiative was warmly received, so was its underlying vision of close consultation, joint development and sharing progress. This initiative will help the Eurasian Continent take off and present to the world a great opportunity for development. The principle of putting people first and conducting diplomacy for the people was effectively implemented. Progress was made in the effort to protect and assist Chinese nationals overseas. China and the Chinese language have aroused much interest of the international community. China voice is heard across the world, and the role China plays is increasingly appreciated.

With more than 300 photos, this album presents a full overview of the accomplishments of China's diplomacy last year. I believe that looking at these photos, the readers will better appreciate the friendship between people of China and people of the world, China's rising international standing and broad prospects of win-win cooperation between China and other countries in the world.

I hope that readers both from home and abroad who want to learn more about China's diplomacy will enjoy reading this album. We look forward to your continued support for China's diplomacy in the years ahead.

Wang Yi
January 2015

Avant-propos

Un poète chinois disait : « À marée haute se dégage l'horizon, le vent en poupe gonfle à plein les voiles ». L'année 2014 a été une année de récolte pour l'action diplomatique chinoise sur tous ses fronts. Sous la direction ferme du Comité central (CC) du Parti communiste chinois (PCC) ayant comme Secrétaire général le Camarade Xi Jinping, nous avons affronté avec sang-froid les aléas internationaux, œuvré à la construction d'un environnement extérieur favorable à la réalisation du rêve du renouveau de la nation chinoise et pris plus d'initiatives pour jouer le rôle d'un grand pays responsable dans les affaires internationales et régionales.

Durant l'année écoulée, guidée par les échanges de haut niveau, la diplomatie chinoise tous azimuts a porté des fruits abondants et réussi à mettre en place pour l'essentiel un réseau de partenariats couvrant tous les continents. Nous avons organisé avec succès le 4e Sommet de la Conférence sur l'interaction et les mesures de confiance en Asie (CICA) et la 22e Réunion des Dirigeants des Entités économiques de l'APEC, temps forts de la diplomatie à domicile consacrés respectivement à la sécurité et au développement, qui ont profondément marqué l'histoire. Nous avons fait des efforts actifs pour favoriser le règlement pacifique des dossiers d'actualité de toutes sortes, en assumant les responsabilités d'un grand pays et en jouant un rôle particulier. Les initiatives chinoises comme la « Ceinture économique de la Route de la Soie et la Route de la Soie maritime du 21e siècle » ont reçu un écho favorable, et les concepts chinois tels que consultations communes, efforts conjoints et bénéfice partagé sont largement appréciés. Ces initiatives et ces concepts ont donné des ailes au redressement du continent eurasiatique et offert des opportunités chinoises au développement dans le monde. La diplomatie centrée sur l'homme et au service du peuple a été appliquée de manière plus poussée avec les progrès substantiels réalisés dans la protection des Chinois d'outre-mer. L'engouement pour la Chine et le chinois gagne le monde entier, la voix de la Chine est largement écoutée, le rôle de la Chine attire l'attention de tous et l'image de la Chine pénètre profondément dans les esprits.

Avec plus de 300 photos précieuses, *Les affaires étrangères de la Chine 2014* illustre, de manière globale et vivante, le parcours exceptionnel de la diplomatie chinoise durant l'année passée. Je suis convaincu qu'à travers cet album, chers lecteurs, vous découvrez cette amitié qu'entretient le peuple chinois avec les autres peuples du monde, mesurerez cette forte dynamique de l'émergence de la Chine sur la scène internationale et verrez les vastes perspectives de la coopération gagnant-gagnant entre la Chine et les autres pays du monde.

Par cet album, je tiens à vous remercier, chers lecteurs en Chine comme à l'étranger, pour l'intérêt que vous avez toujours porté sur les actions diplomatiques chinoises, et j'espère que la diplomatie chinoise, face aux nouveaux défis, pourra continuer à bénéficier de votre soutien agissant.

Wang Yi
Janvier 2015

目录

第 一 部 分　高层往来　深化友谊
Part 1　High-level Exchanges to Deepen Friendship
Partie 1　Échanges de haut niveau pour une amitié approfondie　　11—80

第 二 部 分　主场外交　精彩纷呈
Part 2　Highlights of Home Diplomacy
Partie 2　Diplomatie à domicile aux multiples temps forts　　81—106

第 三 部 分　多边外交　同舟共济
Part 3　Multilateral Diplomacy for Greater Unity
Partie 3　Diplomatie multilatérale pour une solidarité renforcée　　107—146

第 四 部 分　合作共赢　共同发展
Part 4　Win-win Cooperation for Common Development
Partie 4　Coopération gagnant-gagnant pour un développement partagé　　147—172

第 五 部 分　维护权益　外交为民
Part 5　Protection of Rights and Interests, People-oriented Diplomacy in Action
Partie 5　Diplomatie au service du peuple pour la défense des droits et intérêts　　173—194

第 六 部 分　交流互鉴　共圆梦想
Part 6　Exchanges and Mutual Learning in Pursuit of Respective Dreams
Partie 6　Échanges et inspiration mutuelle pour la réalisation des rêves respectifs　　195—237

第一部分

高层往来 深化友谊

二零一四年,中国领导人遍访五洲国家,频会四海宾朋,同各国领导人密切交流。中国积极推动同周边国家利益共同体和命运共同体建设,同主要大国关系取得新进展,不断深化同广大发展中国家的传统友谊,加强与有关国家和地区的战略对话,全方位对外交往进一步深化,初步形成遍布全球的伙伴关系网络。中国外交站在了一个新的历史起点上,中国与世界的关系正在揭开新的历史篇章。

Part 1
High-level Exchanges to Deepen Friendship

In 2014, Chinese leaders had close exchanges with leaders of all countries through frequent visits and meetings. China worked hard to build a community of shared interest and common destiny with neighboring countries, made new progress in its relations with major countries, further deepened its traditional friendship with other developing countries, and strengthened strategic dialogue with relevant countries and regions. China's all-round foreign exchange was brought to greater depth, and its global network of partnerships took initial shape. This brought China's diplomacy to a new historical starting point, and opened a new chapter in China's relationship with the world.

Partie 1
Échanges de haut niveau pour une amitié approfondie

En 2014, les dirigeants chinois ont effectué des visites sur les cinq continents à la rencontre des amis des quatre coins du monde et eu des échanges intenses avec les dirigeants des différents pays. La Chine a œuvré activement pour construire la communauté d'intérêts et de destin avec ses pays voisins, réalisé de nouveaux progrès dans ses relations avec les principaux grands pays du monde, approfondi sans cesse l'amitié traditionnelle avec les nombreux pays en développement et intensifié le dialogue stratégique avec les pays et régions concernés. Les échanges avec l'extérieur tous azimuts ont gagné en profondeur et un réseau de partenariats couvrant tous les continents a pris forme. Désormais, la diplomatie chinoise se trouve sur un nouveau point de départ historique, et un nouveau chapitre s'ouvre dans les annales des relations entre la Chine et le monde.

2月6日至8日，应俄罗斯联邦总统弗拉基米尔·弗拉基米罗维奇·普京邀请，国家主席习近平赴俄罗斯索契出席第二十二届冬季奥林匹克运动会开幕式。

2月6日，习近平主席（右）在俄罗斯索契会见俄罗斯总统普京。

From 6 to 8 February, President Xi Jinping attended the opening ceremony of the 22nd Winter Olympic Games in Sochi, Russia, at the invitation of President Vladimir Vladimirovich Putin of the Russian Federation.

On 6 February, President Xi Jinping (right) met with Russian President Putin in Sochi, Russia.

Du 6 au 8 février, sur l'invitation du Président de la Fédération de Russie Vladimir Vladimirovitch Poutine, le Président Xi Jinping s'est rendu à Sotchi pour la cérémonie d'ouverture des 22ᵉ Jeux Olympiques d'hiver.

Le 6 février, le Président Xi Jinping (à droite) rencontre son homologue russe Vladimir Poutine à Sotchi, en Russie.

出访

第一部分　高层往来 深化友谊
Part 1　High-level Exchanges to Deepen Friendship
Partie 1　Échanges de haut niveau pour une amitié approfondie

3月24日，国家主席习近平（左二）在荷兰海牙会见美利坚合众国总统巴拉克·奥巴马。

On 24 March, President Xi Jinping (second from left) met President Barack Obama of the United States of America in The Hague, the Netherlands.

Le 24 mars, le Président Xi Jinping (2ᵉ à gauche) rencontre le Président des États-Unis d'Amérique Barack Obama à La Haye, aux Pays-Bas.

出访

3月22日至4月1日，应荷兰王国国王威廉－亚历山大、法兰西共和国总统弗朗索瓦·奥朗德、德意志联邦共和国总统约阿希姆·高克和总理安格拉·默克尔、比利时王国国王菲利普邀请，国家主席习近平对四国进行国事访问。

3月22日，习近平主席（左二）在荷兰阿姆斯特丹会见荷兰国王威廉－亚历山大（右二）。（上图）

3月26日，习近平主席（左）在法国巴黎与法国总统奥朗德共同会见记者。（下图）

From 22 March to 1 April, at the invitation of King Willem-Alexander of the Kingdom of the Netherlands, President François Hollande of the Republic of France, President Joachim Gauck and Chancellor Angela Merkel of the Federal Republic of Germany and King Philippe of the Kingdom of Belgium, President Xi Jinping paid state visits to the four countries.

On 22 March, President Xi Jinping (second from left) met with King Willem-Alexander (second from right) of the Kingdom of the Netherlands in Amsterdam, the Netherlands. (Upper picture)

On 26 March, President Xi Jinping (left) met the press together with French President Hollande in Paris, France. (Lower picture)

Du 22 mars au 1er avril, sur l'invitation du Roi Willem-Alexander des Pays-Bas, du Président de la République française François Hollande, du Président Joachim Gauck et de la Chancelière Angela Merkel de la République fédérale d'Allemagne et du Roi Philippe de Belgique, le Président Xi Jinping s'est rendu en visite d'État dans ces quatre pays.

Le 22 mars, le Président Xi Jinping (2e à gauche) rencontre le Roi Willem-Alexanderdes Pays-Bas (2e à droite) à Amsterdam, aux Pays-Bas. (Photo en haut)

Le 26 mars, le Président Xi Jinping (à gauche) et le Président français François Hollande rencontrent ensemble la presse à Paris, en France. (Photo en bas)

出访

第一部分　高层往来　深化友谊
Part 1　High-level Exchanges to Deepen Friendship
Partie 1　Échanges de haut niveau pour une amitié approfondie

3月28日，习近平主席（前右）在德国柏林出席德国总统高克举行的欢迎仪式。

On 28 March, President Xi Jinping (front right) attended the welcoming ceremony held by German President Gauck in Berlin, Germany.

Le 28 mars, le Président Xi Jinping (1er plan, à droite) assiste, à Berlin, en Allemagne, à la cérémonie d'accueil tenue par le Président allemand Joachim Gauck en son honneur.

3月30日，习近平主席（左二）和夫人彭丽媛（右一）在比利时布鲁塞尔同比利时国王菲利普夫妇合影。

On 30 March, President Xi Jinping (second from left) and his wife Madame Peng Liyuan (first from right) had a group photo with King Philippe and Queen Mathilde of Belgium in Brussels, Belgium.

Le 30 mars, le Président Xi Jinping (2e à gauche) et son épouse Peng Liyuan (1ère à droite) posent pour une photo de famille avec le Roi Philippe de Belgique et son épouse à Bruxelles, en Belgique.

7月3日至4日,应大韩民国总统朴槿惠邀请,国家主席习近平对韩国进行国事访问。

7月3日,习近平主席(左一)在韩国首尔与韩国总统朴槿惠(右二)举行会谈。

From 3 to 4 July, at the invitation of President Park Geun-hye of the Republic of Korea, President Xi Jinping paid a state visit to the Republic of Korea.

On 3 July, President Xi Jinping (first from left) held talks with President Park Geun-hye (second from right) of the Republic of Korea (ROK) in Seoul, the ROK.

Les 3 et 4 juillet, sur l'invitation de la Présidente de la République de Corée Park Geun-hye, le Président Xi Jinping a effectué une visite d'État en République de Corée.

Le 3 juillet, le Président Xi Jinping (1er à gauche) s'entretient avec la Présidente de la République de Corée Park Geun-hye (2e à droite) à Séoul, en République de Corée.

7月17日至23日，应巴西联邦共和国总统迪尔玛·罗塞芙、阿根廷共和国总统克里斯蒂娜·费尔南德斯·德基什内尔、委内瑞拉玻利瓦尔共和国总统尼古拉斯·马杜罗、古巴共和国国务委员会主席兼部长会议主席劳尔·卡斯特罗·鲁斯邀请，国家主席习近平对四国进行国事访问。

7月17日，习近平主席（左）在巴西巴西利亚与巴西总统罗塞芙举行会谈。（左图）

7月18日，习近平主席（左）在阿根廷布宜诺斯艾利斯与阿根廷总统克里斯蒂娜举行会谈并共同签署《中华人民共和国和阿根廷共和国关于建立全面战略伙伴关系的联合声明》。（右图）

From 17 to 23 July, at the invitation of President Dilma Rousseff of the Federative Republic of Brazil, President Cristina Fernández de Kirchner of the Republic of Argentina, President Nicolás Maduro of the Bolivarian Republic of Venezuela, and President of the Council of State and President of the Council of Ministers Raúl Castro Ruz of the Republic of Cuba, President Xi Jinping paid state visits to the four countries.

On 17 July, President Xi Jinping (left) held talks with Brazilian President Rousseff in Brasilia, Brazil. (Left picture)

On 18 July, President Xi Jinping (left) held talks and signed the *Joint Statement Between the People's Republic of China and the Republic of Argentina on Establishing Comprehensive Strategic Partnership* with Argentine President Cristina Fernández de Kirchner in Buenos Aires, Argentina. (Right picture)

Du 17 au 23 juillet, sur l'invitation de la Présidente de la République fédérative du Brésil Dilma Rousseff, de la Présidente de la République argentine Cristina Fernández de Kirchner, du Président de la République bolivarienne du Venezuela Nicolás Maduro et du Président du Conseil d'État et du Conseil des ministres de la République de Cuba Raúl Castro Ruz, le Président Xi Jinping s'est rendu en visite d'État dans ces quatre pays.

Le 17 juillet, le Président Xi Jinping (à gauche) s'entretient avec la Présidente brésilienne Dilma Rousseff à Brasilia, au Brésil. (Photo à gauche)

Le 18 juillet, le Président Xi Jinping (à gauche) et la Présidente argentine Cristina Fernández de Kirchner s'entretiennent et signent ensemble la *Déclaration conjointe sur l'établissement du partenariat stratégique global entre la République populaire de Chine et la République argentine* à Buenos Aires, en Argentine. (Photo à droite)

7月20日，习近平主席（左）在委内瑞拉加拉加斯与委内瑞拉总统马杜罗举行会谈。

On 20 July, President Xi Jinping (left) held talks with President Maduro of Venezuela in Caracas, Venezuela.

Le 20 juillet, le Président Xi Jinping (à gauche) s'entretient avec son homologue vénézuélien Nicolás Maduro à Caracas, au Venezuela.

7月22日，习近平主席（左二）在古巴哈瓦那与古巴国务委员会主席兼部长会议主席劳尔·卡斯特罗（右二）举行会谈。

On 22 July, President Xi Jinping (second from left) held talks with President of the Council of State and President of the Council of Ministers Raúl Castro Ruz (second from right) of Cuba in Havana, Cuba.

Le 22 juillet, le Président Xi Jinping (2ᵉ à gauche) s'entretient avec le Président du Conseil d'État et du Conseil des ministres de Cuba Raúl Castro Ruz (2ᵉ à droite) à Havane, à Cuba.

出访

第一部分 高层往来 深化友谊
Part 1　High-level Exchanges to Deepen Friendship
Partie 1　Échanges de haut niveau pour une amitié approfondie

8月21日至22日，应蒙古国总统查黑亚·额勒贝格道尔吉邀请，国家主席习近平对蒙古进行国事访问。

8月21日，习近平主席（右）在蒙古乌兰巴托与蒙古总统额勒贝格道尔吉举行会谈。（上图）

9月12日至19日，应塔吉克斯坦共和国总统埃莫马利·拉赫蒙、马尔代夫共和国总统阿卜杜拉·亚明·阿卜杜尔·加尧姆、斯里兰卡民主社会主义共和国总统马欣达·拉贾帕克萨、印度共和国总统普拉纳布·慕克吉邀请，国家主席习近平对四国进行国事访问。

9月13日，习近平主席（左）在塔吉克斯坦杜尚别与塔吉克斯坦总统拉赫蒙举行会谈。（下图）

From 21 to 22 August, at the invitation of President Tsakhiagiin Elbegdorj of Mongolia, President Xi Jinping paid a state visit to Mongolia.

On 21 August, President Xi Jinping (right) held talks with Mongolian President Elbegdorj in Ulaanbaatar, Mongolia. (Upper picture)

From 12 to 19 September, at the invitation of President Emomali Rahmon of the Republic of Tajikistan, President Abdulla Yameen Abdul Gayoom of the Republic of the Maldives, President Mahinda Rajapaksa of the Democratic Socialist Republic of Sri Lanka, and President Pranab Mukherjee of the Republic of India, President Xi Jinping paid state visits to the four countries.

On 13 September, President Xi Jinping (left) held talks with Tajik President Rahmon in Dushanbe, Tajikistan. (Lower picture)

Les 21 et 22 août, sur l'invitation du Président de la Mongolie Tsakhiagiin Elbegdorj, le Président Xi Jinping a effectué une visite d'État en Mongolie.

Le 21 août, le Président Xi Jinping (à droite) s'entretient avec son homologue mongol Tsakhiagiin Elbegdorj à Oulan-Bator, en Mongolie. (Photo en haut)

Du 12 au 19 septembre, sur l'invitation du Président de la République du Tadjikistan Emomalii Rahmon, du Président de la République des Maldives Abdulla Yameen Abdul Gayoom, du Président de la République socialiste démocratique de Sri Lanka Mahinda Rajapaksa et du Président de la République de l'Inde Pranab Mukherjee, le Président Xi Jinping s'est rendu en visite d'État dans ces quatre pays.

Le 13 septembre, le Président Xi Jinping (à gauche) s'entretient avec son homologue tadjik Emomalii Rahmon à Douchanbé, au Tadjikistan. (Photo en bas)

9月15日，习近平主席（前左三）在马尔代夫马累与马尔代夫总统亚明（前右三）举行会谈。

On 15 September, President Xi Jinping (third from left in the front) held talks with President Yameen (third from right in the front) of the Maldives in Male, the Maldives.

Le 15 septembre, le Président Xi Jinping (1ᵉʳ plan, 3ᵉ à gauche) s'entretient avec son homologue maldivien Abdulla Yameen Abdul Gayoom (1ᵉʳ plan, 3ᵉ à droite) à Malé, aux Maldives.

9月16日，习近平主席（左三）在斯里兰卡科伦坡出席斯里兰卡总统拉贾帕克萨（左五）举行的欢迎仪式。

On 16 September, President Xi Jinping (third from left) attended the welcoming ceremony held by Sri Lankan President Rajapaksa (fifth from left) in Colombo, Sri Lanka.

Le 16 septembre, le Président Xi Jinping (3ᵉ à gauche) assiste, à Colombo, à Sri Lanka, à la cérémonie d'accueil tenue par le Président sri-lankais Mahinda Rajapaksa (5ᵉ à gauche) en son honneur.

第一部分　高层往来 深化友谊
Part 1　High-level Exchanges to Deepen Friendship
Partie 1　Échanges de haut niveau pour une amitié approfondie

9月18日，习近平主席（左四）在印度新德里会见印度总统慕克吉（右五）。（上图）

11月16日至23日，应澳大利亚联邦总督彼得·科斯格罗夫和总理托尼·阿博特、新西兰总督杰里·迈特帕里和总理约翰·基、斐济共和国总统埃佩利·奈拉蒂考和总理乔萨亚·沃伦盖·姆拜尼马拉马邀请，国家主席习近平对三国进行国事访问，并在斐济同建交太平洋岛国领导人举行会晤。

11月17日，习近平主席（左三）在澳大利亚堪培拉会见澳大利亚总督科斯格罗夫（右三）。（下图）

On 18 September, President Xi Jinping (fourth from left) met with Indian President Mukherjee (fifth from right) in New Delhi, India. (Upper picture)

From 16 to 23 November, at the invitation of Governor-General Peter Cosgrove and Prime Minister Tony Abbott of the Commonwealth of Australia, Governor-General Jerry Mateparae and Prime Minister John Key of New Zealand, and President Epeli Nailatikau and Prime Minister Josaia Voreqe Bainimarama of the Republic of Fiji, President Xi Jinping paid state visits to the three countries and held a meeting in Fiji with leaders of the Pacific island countries having diplomatic relations with China.

On 17 November, President Xi Jinping (third from left) met with Australian Governor-General Peter Cosgrove (third from right) in Canberra, Australia. (Lower picture)

Le 18 septembre, le Président Xi Jinping (4ᵉ à gauche) rencontre son homologue indien Pranab Mukherjee (5ᵉ à droite) à New Delhi, en Inde. (Photo en haut)

Du 16 au 23 novembre, sur l'invitation du Gouverneur général Peter Cosgrove et du Premier Ministre Tony Abbott du Commonwealth d'Australie, du Gouverneur général Jerry Mateparae et du Premier Ministre John Key de la Nouvelle-Zélande, du Président Epeli Nailatikau et du Premier Ministre Josaia Voreqe Bainimarama de la République des Fidji, le Président Xi Jinping s'est rendu en visite d'État dans ces trois pays et a rencontré, aux Fidji, les dirigeants des pays insulaires du Pacifique ayant des relations diplomatiques avec la Chine.

Le 17 novembre, le Président Xi Jinping (3ᵉ à gauche) rencontre le Gouverneur général du Commonwealth d'Australie Peter Cosgrove (3ᵉ à droite) à Canberra, en Australie. (Photo en bas)

11月20日，习近平主席（左二）和夫人彭丽媛（左一）在新西兰惠灵顿同新西兰总督迈特帕里夫妇合影。

On 20 November, President Xi Jinping (second from left) and his wife Madame Peng Liyuan (first from left) had a group photo with Governor-General Mateparae of New Zealand and Mrs. Mateparae in Wellington, New Zealand.

Le 20 novembre, le Président Xi Jinping (2ᵉ à gauche) et son épouse Peng Liyuan (1ʳᵉ à gauche) posent pour une photo de famille avec le Gouverneur général de la Nouvelle-Zélande Jerry Mateparae et son épouse à Wellington, en Nouvelle-Zélande.

11月21日，习近平主席（左）在斐济楠迪会见斐济总统奈拉蒂考。

On 21 November, President Xi Jinping (left) met with President Nailatikau of Fiji in Nadi, Fiji.

Le 21 novembre, le Président Xi Jinping (à gauche) rencontre son homologue fidjien Epeli Nailatikau à Nadi, aux Fidji.

出访

第一部分 高层往来 深化友谊
Part 1　High-level Exchanges to Deepen Friendship
Partie 1　Échanges de haut niveau pour une amitié approfondie

5月4日至11日，应埃塞俄比亚联邦民主共和国总理海尔马里亚姆·德萨莱尼、尼日利亚联邦共和国总统古德勒克·乔纳森、安哥拉共和国总统若泽·爱德华多·多斯桑托斯、肯尼亚共和国总统乌胡鲁·肯雅塔邀请，国务院总理李克强对四国进行正式访问。

5月4日，李克强总理（左）在埃塞俄比亚亚的斯亚贝巴与埃塞俄比亚总理海尔马里亚姆共同会见记者。（上图）

5月7日，李克强总理（前左二）和夫人程虹（前左一）在尼日利亚阿布贾同尼日利亚总统乔纳森夫妇合影。（下图）

From 4 to 11 May, at the invitation of Prime Minister Hailemariam Dessalegn of the Federal Democratic Republic of Ethiopia, President Goodluck Jonathan of the Federal Republic of Nigeria, President José Eduardo dos Santos of the Republic of Angola and President Uhuru Kenyatta of the Republic of Kenya, Premier Li Keqiang of the State Council paid official visits to the four countries.

On 4 May, Premier Li Keqiang (left) met the press with Ethiopian Prime Minister Hailemariam in Addis Ababa, Ethiopia. (Upper picture)

On 7 May, Premier Li Keqiang (second from left in the front) and his wife Madame Cheng Hong (first from left in the front) had a group photo with Nigerian President Jonathan and his wife in Abuja, Nigeria. (Lower picture)

Du 4 au 11 mai, sur l'invitation du Premier Ministre de la République fédérale démocratique d'Éthiopie Hailemariam Desalegn, du Président de la République fédérale du Nigéria Goodluck Jonathan, du Président de la République d'Angola José Eduardo dos Santos et du Président de la République du Kenya Uhuru Kenyatta, le Premier Ministre du Conseil des Affaires d'État Li Keqiang s'est rendu en visite officielle dans ces quatre pays.

Le 4 mai, le Premier Ministre Li Keqiang (à gauche) et son homologue éthiopien Hailemariam Desalegn rencontrent ensemble la presse à Addis-Abeba, en Éthiopie. (Photo en haut)

Le 7 mai, le Premier Ministre Li Keqiang (1er plan, 2e à gauche) et son épouse Cheng Hong (1ère plan, 1ère à gauche) posent pour une photo de famille avec le Président nigérian Goodluck Jonathan et son épouse à Abuja, au Nigéria. (Photo en bas)

China's Foreign Affairs
Les affaires étrangères de la Chine

出访

5月9日,李克强总理(前右)在安哥拉罗安达出席安哥拉总统多斯桑托斯举行的欢迎仪式。

On 9 May, Premier Li Keqiang (front right) attended the welcoming ceremony held by Angolan President dos Santos in Luanda, Angola.

Le 9 mai, le Premier Ministre Li Keqiang (1ᵉʳ plan, à droite) assiste, à Luanda, en Angola, à la cérémonie d'accueil tenue par le Président angolais José Eduardo dos Santos en son honneur.

5月10日,李克强总理(左)在肯尼亚内罗毕与肯尼亚总统肯雅塔举行会谈。

On 10 May, Premier Li Keqiang (left) held talks with Kenyan President Kenyatta in Nairobi, Kenya.

Le 10 mai, le Premier Ministre Li Keqiang (à gauche) s'entretient avec le Président kenyan Uhuru Kenyatta à Nairobi, au Kenya.

第一部分　高层往来 深化友谊
Part 1　High-level Exchanges to Deepen Friendship
Partie 1　Échanges de haut niveau pour une amitié approfondie

出访

　　6月16日至21日，应大不列颠及北爱尔兰联合王国首相戴维·卡梅伦、希腊共和国总理安东尼斯·萨马拉斯邀请，国务院总理李克强赴英国举行中英总理年度会晤，并对英国和希腊进行正式访问。

　　6月17日，李克强总理（左三）在英国财政部庭院内出席英国首相卡梅伦（左四）举行的欢迎仪式。（上图）

　　6月19日，李克强总理（前右二）在希腊雅典与希腊总理萨马拉斯（前左三）举行会谈。（下图）

From 16 to 21 June, at the invitation of Prime Minister David Cameron of the United Kingdom of Great Britain and Northern Ireland (UK), and Prime Minister Antonis Samaras of the Hellenic Republic, Premier Li Keqiang of the State Council went to the UK for the annual meeting between the Prime Ministers of China and the UK, and paid official visits to the UK and Greece.

On 17 June, Premier Li Keqiang (third from left) attended the welcoming ceremony held by British Prime Minister David Cameron (fourth from left) in the courtyard of HM Treasury of the United Kingdom. (Upper picture)

On 19 June, Premier Li Keqiang (second from the right in the front) held talks with Greek Prime Minister Samaras (third from left in the front) in Athens, Greece. (Lower picture)

Du 16 au 21 juin, sur l'invitation du Premier Ministre du Royaume-Uni de Grande-Bretagne et d'Irlande du Nord David Cameron et du Premier Ministre de la République hellénique Antonis Samaras, le Premier Ministre du Conseil des Affaires d'État Li Keqiang s'est rendu au Royaume-Uni pour la rencontre annuelle entre les premiers ministres chinois et britannique et une visite officielle, et en Grèce pour une visite officielle.

Le 17 juin, le Premier Ministre Li Keqiang (3ᵉ à gauche) assiste à la cérémonie d'accueil tenue par le Premier Ministre britannique David Cameron (4ᵉ à gauche) dans la cour du Trésor du Royaume-Uni. (Photo en haut)

Le 19 juin, le Premier Ministre Li Keqiang (1ᵉʳ plan, 2ᵉ à droite) s'entretient avec son homologue grec Antonis Samaras (1ᵉʳ plan, 3ᵉ à gauche) à Athènes, en Grèce. (Photo en bas)

10月9日至15日，应德意志联邦共和国总理安格拉·默克尔、俄罗斯联邦政府总理德米特里·阿纳托利耶维奇·梅德韦杰夫、意大利共和国总理马泰奥·伦齐邀请，国务院总理李克强赴德国主持第三轮中德政府磋商并对德国进行正式访问，对俄罗斯进行正式访问并举行中俄总理第十九次定期会晤，对意大利进行正式访问。

10月10日，李克强总理（前左）在德国柏林出席德国总理默克尔举行的欢迎仪式。

From 9 to 15 October, Premier Li Keqiang of the State Council went to Germany to chair the third China-Germany intergovernmental consultation and paid an official visit to Germany at the invitation of Chancellor Angela Merkel of the Federal Republic of Germany, paid an official visit to Russia and held the 19th China-Russia Prime Ministers' regular meeting at the invitation of Prime Minister Dmitry Anatolyevich Medvedev of the Russian Federation, and paid an official visit to Italy at the invitation of Prime Minister Matteo Renzi of the Republic of Italy.

On 10 October, Premier Li Keqiang (front left) attended the welcoming ceremony held by German Chancellor Angela Merkel in Berlin, Germany.

Du 9 au 15 octobre, sur l'invitation de la Chancelière de la République fédérale d'Allemagne Angela Merkel, du Premier Ministre de la Fédération de Russie Dmitri Anatolievitch Medvedev et du Premier Ministre de la République italienne Matteo Renzi, le Premier Ministre du Conseil des Affaires d'État Li Keqiang s'est rendu en Allemagne pour présider le 3e tour des consultations intergouvernementales sino-allemandes et effectuer une visite officielle, en Russie, pour effectuer une visite officielle et participer à la 19e rencontre régulière entre les premiers ministres chinois et russe, et en Italie, pour une visite officielle.

Le 10 octobre, le Premier Ministre Li Keqiang (1er plan, à gauche) assiste, à Berlin, en Allemagne, à la cérémonie d'accueil tenue par la Chancelière allemande Angela Merkel en son honneur.

出访

第一部分　高层往来　深化友谊
Part 1　High-level Exchanges to Deepen Friendship
Partie 1　Échanges de haut niveau pour une amitié approfondie

10月13日，李克强总理（左）在俄罗斯莫斯科与俄罗斯总理梅德韦杰夫举行中俄总理第十九次定期会晤并共同签署联合公报。

On 13 October, Premier Li Keqiang (left) held the 19th China-Russia Prime Ministers' regular meeting and signed the joint communique with Russian Prime Minister Medvedev in Moscow, Russia.

Le 13 octobre, le Premier Ministre Li Keqiang (à gauche) et son homologue russe Dmitri Medvedev tiennent, à Moscou, en Russie, la 19e rencontre régulière entre les premiers ministres chinois et russe et signent ensemble un communiqué conjoint.

10月14日，李克强总理（前左）在意大利罗马出席意大利总理伦齐举行的欢迎仪式。

On 14 October, Premier Li Keqiang (front left) attended the welcoming ceremony held by Italian Prime Minister Renzi in Rome, Italy.

Le 14 octobre, le Premier Ministre Li Keqiang (1er plan, à gauche) assiste, à Rome, en Italie, à la cérémonie d'accueil tenue par son homologue italien Matteo Renzi en son honneur.

11月12日至14日，应东盟轮值主席国缅甸联邦共和国总统吴登盛邀请，国务院总理李克强赴缅甸出席东亚合作领导人系列会议并对缅甸进行正式访问。

11月14日，李克强总理（左）在缅甸内比都与缅甸总统吴登盛举行会谈。

From 12 to 14 November, at the invitation of President Thein Sein of the Republic of the Union of Myanmar, Premier Li Keqiang of the State Council attended the East Asian Leaders' Meetings held in Myanmar and paid an official visit to Myanmar.

On 14 November, Premier Li Keqiang (left) held talks with President Thein Sein of Myanmar in Nay Pyi Taw, Myanmar.

Du 12 au 14 novembre, sur l'invitation du Président de la République de l'Union du Myanmar U Thein Sein, le Premier Ministre du Conseil des Affaires d'État Li Keqiang s'est rendu au Myanmar pour participer aux réunions des dirigeants de l'Asie de l'Est et effectuer une visite officielle.

Le 14 novembre, le Premier Ministre Li Keqiang (à gauche) s'entretient avec le Président du Myanmar U Thein Sein à Nay Pyi Taw, au Myanmar.

出访

第一部分　高层往来 深化友谊
Part 1　High-level Exchanges to Deepen Friendship
Partie 1　Échanges de haut niveau pour une amitié approfondie

　　12月14日至18日，应哈萨克斯坦共和国总理卡里姆·马西莫夫、塞尔维亚共和国总理阿莱克桑达尔·武契奇邀请，国务院总理李克强对哈萨克斯坦进行正式访问并举行中哈总理第二次定期会晤，出席上海合作组织成员国政府首脑理事会第十三次会议，出席在塞尔维亚举行的第三次中国—中东欧国家领导人会晤并对塞尔维亚进行正式访问。

　　12月14日，李克强总理（左）在哈萨克斯坦阿斯塔纳与哈萨克斯坦总理马西莫夫举行中哈总理第二次定期会晤并共同签署联合公报。（上图）

　　12月16日，李克强总理（左）在塞尔维亚贝尔格莱德与塞尔维亚总理武契奇共同会见记者。（下图）

From 14 to 18 December, at the invitation of Prime Minister Karim Masimov of the Republic of Kazakhstan and Prime Minister Aleksandar Vucic of the Republic of Serbia, Premier Li Keqiang of the State Council paid an official visit to Kazakhstan, held the second regular meeting between Prime Ministers of China and Kazakhstan, attended the 13th Meeting of the Council of Heads of Government of the Shanghai Cooperation Organization and the third Meeting of Heads of Government of China and Central and Eastern European Countries and paid an official visit to Serbia.

On 14 December, Premier Li Keqiang (left) held the second regular meeting between Prime Ministers of China and Kazakhstan and signed a joint communique together with Prime Minister Masimov of Kazakhstan in Astana, Kazakhstan. (Upper picture)

On 16 December, Premier Li Keqiang (left) met the press together with Serbian Prime Minister Vucic in Belgrade, Serbia. (Lower picture)

Du 14 au 18 décembre, sur l'invitation du Premier Ministre de la République du Kazakhstan Karim Massimov et du Premier Ministre de la République de Serbie Aleksandar Vucic, le Premier Ministre du Conseil des Affaires d'État Li Keqiang s'est rendu au Kazakhstan pour effectuer une visite officielle, et participer à la 2ᵉ rencontre régulière entre les premiers ministres chinois et kazakh et à la 13ᵉ réunion du Conseil des chefs de gouvernement des États membres de l'Organisation de Coopération de Shanghai, et en Serbie, pour participer à la 3ᵉ rencontre des dirigeants de la Chine et des pays d'Europe centrale et orientale et effectuer une visite officielle.

Le 14 décembre, le Premier Ministre Li Keqiang (à gauche) et son homologue kazakh Karim Massimov tiennent, à Astana, au Kazakhstan, la 2ᵉ rencontre régulière entre les premiers ministres chinois et kazakh et signent ensemble un communiqué conjoint. (Photo en haut)

Le 16 décembre, le Premier Ministre Li Keqiang (à gauche) et son homologue serbe Aleksandar Vucic rencontrent ensemble la presse à Belgrade, en Serbie. (Photo en bas)

出访

11月20日至28日，应秘鲁共和国国会主席安娜·玛丽亚·索洛萨诺、哥伦比亚共和国国会主席何塞·戴维·纳梅·卡多索、墨西哥合众国参议长米格尔·巴尔沃萨·韦尔塔和众议长西尔瓦诺·奥雷奥莱斯·科内霍邀请，全国人大常委会委员长张德江对三国进行正式友好访问。

11月21日，张德江委员长（左）在秘鲁利马与秘鲁国会主席索洛萨诺举行会谈。（上图）

11月24日，张德江委员长（前左三）在哥伦比亚波哥大与哥伦比亚国会主席纳梅（右二）举行会谈。（下图）

From 20 to 28 November, at the invitation of President Ana Maria Solorzano of the Congress of the Republic of Peru, President Jose David Name Cardozo of the Congress of the Republic of Colombia, President Miguel Barbosa Huerta of the Senate and President Silvano Aureoles Conejo of the Chamber of Deputies of the United Mexican States, Zhang Dejiang, Chairman of the Standing Committee of the National People's Congress (NPC) paid official goodwill visits to the three countries.

On 21 November, NPC Chairman Zhang Dejiang (left) held talks with President Solorzano of the Congress of Peru in Lima, Peru. (Upper picture)

On 24 November, NPC Chairman Zhang Dejiang (third from left in the front) held talks with President Name of the Congress of Colombia (second from right) in Bogotá, Colombia. (Lower picture)

Du 20 au 28 novembre, sur l'invitation de la Présidente du Congrès de la République du Pérou Ana María Solórzano, du Président du Congrès de la République de Colombie José David Name Cardozo, du Président du Sénat Miguel Barbosa Huerta et du Président de la Chambre des Députés Silvano Aureoles Conejo des États-unis du Mexique, le Président du Comité permanent de l'Assemblée populaire national (APN) Zhang Dejiang s'est rendu en visite officielle d'amitié dans ces trois pays.

Le 21 novembre, le Président du Comité permanent de l'APN Zhang Dejiang (à gauche) s'entretient avec la Présidente du Congrès péruvien Ana María Solórzano à Lima, au Pérou. (Photo en haut)

Le 24 novembre, le Président du Comité permanent de l'APN Zhang Dejiang (1er plan, 3e à gauche) s'entretient avec le Président du Congrès colombien José David Name Cardozo (2e à droite) à Bogota, en Colombie. (Photo en bas)

出访

第一部分　高层往来　深化友谊
Part 1　High-level Exchanges to Deepen Friendship
Partie 1　Échanges de haut niveau pour une amitié approfondie

11月26日，张德江委员长（左）在墨西哥墨西哥城与墨西哥参议长巴尔沃萨举行会谈。

On 26 November, NPC Chairman Zhang Dejiang (left) held talks with President Barbosa of the Senate of Mexico in Mexico City, Mexico.

Le 26 novembre, le Président du Comité permanent de l'APN Zhang Dejiang (à gauche) s'entretient avec le Président du Sénat mexicain Miguel Barbosa Huerta à Mexico, au Mexique.

11月1日至9日，应阿尔及利亚民主人民共和国民族院议长阿卜杜勒卡德尔·本·萨拉赫、摩洛哥王国参议长穆罕默德·谢赫·比耶迪拉、巴林王国协商会议主席阿里·本·萨利赫·阿勒萨利赫、约旦哈希姆王国参议长阿卜杜勒·拉乌夫·拉瓦比德邀请，全国政协主席俞正声对四国进行正式友好访问。

11月1日，俞正声主席（左）在阿尔及利亚阿尔及尔与阿尔及利亚民族院议长本·萨拉赫举行会谈。

From 1 to 9 November, at the invitation of Chairman Abdelkader Bensalah of the Council of Nation of the People's Democratic Republic of Algeria, Speaker Mohamed Sheikh Biadillah of the House of Advisors of the Kingdom of Morocco, Chairman Ali bin Saleh Al Saleh of the Shura Council of the Kingdom of Bahrain, and President Abdul Raouf Rawabdeh of the Senate of the Hashemite Kingdom of Jordan, Yu Zhengsheng, Chairman of the National Committee of the Chinese People's Political Consultative Conference (CPPCC) paid official goodwill visits to the four countries.

On 1 November, CPPCC Chairman Yu Zhengsheng (left) held talks with Chairman Bensalah of the Algerian Council of Nation in Algiers, Algeria.

Du 1er au 9 novembre, sur l'invitation du Président du Conseil de la Nation de la République algérienne démocratique et populaire Abdelkader Bensalah, du Président de la Chambre des Conseillers du Royaume du Maroc Mohamed Cheikh Biadillah, du Président du Conseil consultatif du Royaume de Bahreïn Ali Bin Saleh Al Saleh et du Président du Sénat du Royaume hachémite de Jordanie Abdur-Rauf Rawabdeh, le Président du Comité national de la Conférence consultative politique du Peuple chinois (CCPPC) Yu Zhengsheng s'est rendu en visite officielle d'amitié dans ces quatre pays.

Le 1er novembre, le Président du Comité national de la CCPPC Yu Zhengsheng (à gauche) s'entretient avec le Président du Conseil de la Nation de l'Algérie Abdelkader Bensalah à Alger, en Algérie.

出访

第一部分　高层往来　深化友谊
Part 1　High-level Exchanges to Deepen Friendship
Partie 1　Échanges de haut niveau pour une amitié approfondie

11月3日，俞正声主席（左）在摩洛哥拉巴特会见摩洛哥众议长哈希德·塔尔比·阿拉米。

On 3 November, CPPCC Chairman Yu Zhengsheng (left) met with President Rachid Talbi Alami of the Chamber of Representatives of Morocco in Rabat, Morocco.

Le 3 novembre, le Président du Comité national de la CCPPC Yu Zhengsheng (à gauche) rencontre le Président de la Chambre des Représentants du Maroc Rachid Talbi Alami à Rabat, au Maroc.

11月6日，俞正声主席（左）在巴林麦纳麦与巴林协商会议主席阿里举行会谈。

On 6 November, CPPCC Chairman Yu Zhengsheng (left) held talks with Chairman Ali of the Shura Council of Bahrain in Manama, Bahrain.

Le 6 novembre, le Président du Comité national de la CCPPC Yu Zhengsheng (à gauche) s'entretient avec le Président du Conseil consultatif de Bahreïn Ali Bin Saleh Al Saleh à Manama, à Bahreïn.

11月9日，俞正声主席（前左三）在约旦安曼与约旦参议长拉瓦比德（前右三）举行会谈。

On 9 November, CPPCC Chairman Yu Zhengsheng (third from left in the front) held talks with President Rawabdeh of the Senate of Jordan (third from right in the front) in Amman, Jordan.

Le 9 novembre, le Président du Comité national de la CCPPC Yu Zhengsheng (1er plan, 3e à gauche) s'entretient avec le Président du Sénat jordanien Abdur-Rauf Rawabdeh (1er plan, 3e à droite) à Amman, en Jordanie.

12月25日至27日，应越南共产党中央委员会和越南祖国阵线邀请，中共中央政治局常委、全国政协主席俞正声对越南社会主义共和国进行正式访问。

12月26日，俞正声主席（左）在越南河内会见越南共产党中央总书记阮富仲。

From 25 to 27 December, at the invitation of the Central Committee of the Communist Party of Vietnam and the Fatherland Front of Vietnam, Yu Zhengsheng, Member of the Standing Committee of the Political Bureau of the CPC Central Committee and CPPCC Chairman, paid an official visit to the Socialist Republic of Vietnam.

On 26 December, CPPCC Chairman Yu Zhengsheng (left) met with Nguyen Phu Trong, General Secretary of the Communist Party of Vietnam in Hanoi, Vietnam.

Du 25 au 27 décembre, sur l'invitation du Comité central du Parti communiste vietnamien et du Front de la Patrie du Viet Nam, M. Yu Zhengsheng, membre du Comité permanent du Bureau politique du CC du PCC et Président du Comité national de la CCPPC, a effectué une visite officielle en République socialiste du Viet Nam.

Le 26 décembre, le Président du Comité national de la CCPPC Yu Zhengsheng (à gauche) rencontre le Secrétaire général du Comité central du Parti communiste vietnamien Nguyen Phu Trong à Hanoi, au Viet Nam.

出访

第一部分 高层往来 深化友谊
Part 1 High-level Exchanges to Deepen Friendship
Partie 1 Échanges de haut niveau pour une amitié approfondie

6月10日至19日，应丹麦王国、芬兰共和国、爱尔兰、葡萄牙共和国政府邀请，中共中央政治局常委、中央书记处书记刘云山对四国进行正式访问。

6月11日，中共中央政治局常委、中央书记处书记刘云山（左）在丹麦哥本哈根会见丹麦首相赫勒·托宁—施密特。（上图）

6月12日，中共中央政治局常委、中央书记处书记刘云山（左）在芬兰赫尔辛基会见芬兰总统绍利·尼尼斯托。（下图）

From 10 to 19 June, at the invitation of the governments of the Kingdom of Denmark, the Republic of Finland, Ireland and the Portuguese Republic, Liu Yunshan, Member of the Standing Committee of the Political Bureau of the CPC Central Committee and Member of the Secretariat of the CPC Central Committee paid official visits to the four countries.

On 11 June, Member of the Standing Committee of the Political Bureau of the CPC Central Committee and Member of the Secretariat of the CPC Central Committee Liu Yunshan (left) met with Danish Prime Minister Helle Thorning-Schmidt in Copenhagen, Denmark. (Upper picture)

On 12 June, Member of the Standing Committee of the Political Bureau of the CPC Central Committee and Member of the Secretariat of the CPC Central Committee Liu Yunshan (left) met with Finnish President Sauli Niinistö in Helsinki, Finland. (Lower picture)

Du 10 au 19 juin, sur l'invitation des gouvernements du Royaume du Danemark, de la République de Finlande, de l'Irlande et de la République portugaise, M. Liu Yunshan, membre du Comité permanent du Bureau politique et membre du Secrétariat du CC du PCC, s'est rendu en visite officielle dans ces quatre pays.

Le 11 juin, M. Liu Yunshan (à gauche), membre du Comité permanent du Bureau politique et membre du Secrétariat du CC du PCC, rencontre la Premier Ministre danoise Helle Thorning-Schmidt à Copenhague, au Danemark. (Photo en haut)

Le 12 juin, M. Liu Yunshan (à gauche), membre du Comité permanent du Bureau politique et membre du Secrétariat du CC du PCC, rencontre le Président finlandais Sauli Niinisto à Helsinki, en Finlande. (Photo en bas)

6月16日，中共中央政治局常委、中央书记处书记刘云山（右）在爱尔兰都柏林会见爱尔兰总统迈克尔·希金斯。

On 16 June, Member of the Standing Committee of the Political Bureau of the CPC Central Committee and Member of the Secretariat of the CPC Central Committee Liu Yunshan (right) met with Irish President Michael Higgins in Dublin, Ireland.

Le 16 juin, M. Liu Yunshan (à droite), membre du Comité permanent du Bureau politique et membre du Secrétariat du CC du PCC, rencontre le Président irlandais Michael D. Higgins à Dublin, en Irlande.

6月18日，中共中央政治局常委、中央书记处书记刘云山（左）在葡萄牙里斯本会见葡萄牙总统卡瓦科·席尔瓦。

On 18 June, Member of the Standing Committee of the Political Bureau of the CPC Central Committee and Member of the Secretariat of the CPC Central Committee Liu Yunshan (left) met with Portuguese President Cavaco Silva in Lisbon, Portugal.

Le 18 juin, M. Liu Yunshan (à gauche), membre du Comité permanent du Bureau politique et membre du Secrétariat du CC du PCC, rencontre le Président portugais Aníbal Cavaco Silva à Lisbonne, au Portugal.

出访

第一部分 高层往来 深化友谊
Part 1 High-level Exchanges to Deepen Friendship
Partie 1 Échanges de haut niveau pour une amitié approfondie

8月26日至9月1日,应土库曼斯坦副总理拜穆拉特·霍贾穆罕默多夫、捷克共和国政府、俄罗斯联邦政府副总理阿尔卡季·弗拉基米罗维奇·德沃尔科维奇邀请,国务院副总理张高丽赴土库曼斯坦举行中土合作委员会第三次会议,赴捷克出席第二次中国—中东欧国家地方领导人会议,赴俄罗斯举行中俄能源合作委员会第十一次会议并出席中俄东线天然气管道俄境内段开工仪式。

8月27日,张高丽副总理(左)在土库曼斯坦阿什哈巴德会见土库曼斯坦总统库尔班古力·别尔德穆哈梅多夫。(上图)

8月30日,张高丽副总理(前左五)在俄罗斯莫斯科与俄罗斯副总理德沃尔科维奇(前右五)共同主持中俄能源合作委员会第十一次会议。(下图)

From 26 August to 1 September, at the invitation of Deputy Prime Minister Baimurad Hodjamukhamedov of Turkmenistan, the government of the Czech Republic and Deputy Prime Minister Arkady Vladimirovich Dvorkovich of the Russian Federation, Vice Premier Zhang Gaoli of the State Council attended the third meeting of the China-Turkmenistan Cooperation Committee in Turkmenistan, the second China-Central and Eastern European Countries Local Leaders' Meeting in the Czech Republic, the 11th meeting of the China-Russia Energy Cooperation Committee in Russia and the ground-breaking ceremony of the Russian part of the East Route of the China-Russia natural gas pipeline.

On 27 August, Vice Premier Zhang Gaoli (left) met with Turkmen President Gurbanguly Berdymukhamedov in Ashgabat, Turkmenistan. (Upper picture)

On 30 August, Vice Premier Zhang Gaoli (fifth from left in the front) and Russian Deputy Prime Minister Dvorkovich (fifth from right in the front) co-chaired the 11th meeting of the China-Russia Energy Cooperation Committee in Moscow, Russia. (Lower picture)

Du 26 août au 1er septembre, sur l'invitation du Vice-Premier Ministre du Turkménistan Baymyrat Hojamuhammedov, du gouvernement de la République tchèque et du Vice-Premier Ministre de la Fédération de Russie Arkady Vladimirovich Dvorkovich, le Vice-Premier Ministre du Conseil des Affaires d'État Zhang Gaoli s'est rendu au Turkménistan pour tenir la 3e réunion du Comité de coopération Chine-Turkménistan, en République tchèque, pour participer à la 2e réunion des dirigeants locaux de la Chine et des pays d'Europe centrale et orientale, et en Russie, pour tenir la 11e réunion du Comité de la coopération énergétique Chine-Russie et assister à la cérémonie de mise en chantier de la section russe de la ligne est des gazoducs sino-russes.

Le 27 août, le Vice-Premier Ministre Zhang Gaoli (à gauche) rencontre le Président turkmène Gourbanguly Berdymouhamedov à Achgabat, au Turkménistan. (Photo en haut)

Le 30 août, le Vice-Premier Ministre Zhang Gaoli (1er plan, 5e à gauche) préside avec le Vice-Premier Ministre russe Arkady Dvorkovich (1er plan, 5e à droite) la 11e réunion de la Commission sur la coopération énergétique sino-russe à Moscou, en Russie. (Photo en bas)

9月24日至29日,应罗马尼亚第一副总理利维乌·德拉格内亚、白俄罗斯共和国第一副总理弗拉基米尔·谢马什科邀请,国务院副总理张高丽对两国进行正式访问。

9月26日,张高丽副总理(前左)在白俄罗斯明斯克会见白俄罗斯总统亚历山大·卢卡申科。

From 24 to 29 September, at the invitation of First Vice Prime Minister Liviu Dragnea of Romania and First Deputy Prime Minister Vladimir Semashko of the Republic of Belarus, Vice Premier Zhang Gaoli of the State Council paid official visits to the two countries.

On 26 September, Vice Premier Zhang Gaoli (front left) met with President Alexander Lukashenko of Belarus in Minsk, Belarus.

Du 24 au 29 septembre, sur l'invitation du Premier Vice-Premier Ministre de Roumanie Liviu Nicolae Dragnea et du Premier Vice-Premier Ministre de la République du Bélarus Vladimir Semashko, le Vice-Premier Ministre du Conseil des Affaires d'État Zhang Gaoli s'est rendu en visite officielle dans ces deux pays.

Le 26 septembre, le Vice-Premier Ministre Zhang Gaoli (1ᵉʳ plan, à gauche) rencontre, à Minsk, au Bélarus, le Président bélarussien Alexander Lukashenko.

出访

第一部分 高层往来 深化友谊
Part 1　High-level Exchanges to Deepen Friendship
Partie 1　Échanges de haut niveau pour une amitié approfondie

9月15日，法国总理曼纽尔·瓦尔斯在法国巴黎会见国务院副总理马凯（左）。（左图）

11月18日，土耳其共和国总统雷杰普·塔伊普·埃尔多安在土耳其安卡拉会见国家主席习近平特使、中共中央政治局委员、中央政法委书记孟建柱（左）。（右图）

On 15 September, French Prime Minister Manuel Valls met with Vice Premier Ma Kai of the State Council (left) in Paris, France. (Left picture)

On 18 November, President Recep Tayyip Erdogan of the Republic of Turkey met with Meng Jianzhu (left), Special Envoy of President Xi Jinping, Member of the Political Bureau and Secretary of the Committee of Political and Legal Affairs of the CPC Central Committee in Ankara, Turkey. (Right picture)

Le 15 septembre, le Premier Ministre français Manuel Valls rencontre, à Paris, en France, le Vice-Premier Ministre du Conseil des Affaires d'État Ma Kai (à gauche). (Photo à gauche)

Le 18 novembre, le Président de la République de Turquie Recep Tayyip Erdogan reçoit, à Ankara, en Turquie, M. Meng Jianzhu (à gauche), Envoyé spécial du Président Xi Jinping, membre du Bureau politique et Secrétaire de la Commission des Affaires politiques et juridiques du CC du PCC. (Photo à droite)

12月31日，柬埔寨王国首相洪森在柬埔寨金边会见国务委员杨洁篪（右）。

On 31 December, Prime Minister Hun Sen of the Kingdom of Cambodia met with State Councilor Yang Jiechi (right) in Phnom Penh, Cambodia.

Le 31 décembre, le Premier Ministre du Royaume du Cambodge Hun Sen reçoit, à Phnom Penh, au Cambodge, le Conseiller d'État Yang Jiechi (à droite).

12月1日，阿富汗伊斯兰共和国内政部长穆罕默德·奥马尔·达乌德扎伊在阿富汗喀布尔与国务委员、公安部部长郭声琨（左一）签署合作文件。

On 1 December, Interior Minister of the Islamic Republic of Afghanistan Mohammad Omar Dawoodzai signed cooperation documents with State Councilor and Minister of Public Security Guo Shengkun (first from left) in Kabul, Afghanistan.

Le 1er décembre, le Ministre de l'Intérieur de la République islamique d'Afghanistan Mohammad Omar Daudzai et le Conseiller d'État et Ministre de la Sécurité publique Guo Shengkun (1er à gauche) signent un accord de coopération à Kaboul, en Afghanistan.

来访

第一部分 高层往来 深化友谊
Part 1 High-level Exchanges to Deepen Friendship
Partie 1 Échanges de haut niveau pour une amitié approfondie

　　1月12日至15日，应国家主席习近平邀请，保加利亚共和国总统罗森·普列夫内利耶夫对中国进行国事访问。

　　1月13日，习近平主席在北京人民大会堂为保加利亚总统普列夫内利耶夫（前右）举行欢迎仪式。

From 12 to 15 January, at the invitation of President Xi Jinping, President Rosen Plevneliev of the Republic of Bulgaria paid a state visit to China.

On 13 January, President Xi Jinping held a welcoming ceremony for Bulgarian President Plevneliev (front right) at the Great Hall of the People, Beijing.

Du 12 au 15 janvier, sur l'invitation du Président Xi Jinping, le Président de la République de Bulgarie Rosen Plevneliev a effectué une visite d'État en Chine.

Le 13 janvier, le Président Xi Jinping tient une cérémonie d'accueil en l'honneur du Président bulgare Rosen Plevneliev (1er plan à droite) au Grand Palais du Peuple, à Beijing.

　　2月18日至21日，应国家主席习近平邀请，巴基斯坦伊斯兰共和国总统马姆努恩·侯赛因对中国进行国事访问。

　　2月19日，习近平主席在北京人民大会堂与巴基斯坦总统侯赛因（左）举行会谈并共同出席有关合作文件的签字仪式。

From 18 to 21 February, at the invitation of President Xi Jinping, President Mamnoon Hussain of the Islamic Republic of Pakistan paid a state visit to China.

On 19 February, President Xi Jinping held talks and attended the signing ceremony of relevant cooperation documents with Pakistani President Hussain (left) at the Great Hall of the People, Beijing.

Du 18 au 21 février, sur l'invitation du Président Xi Jinping, le Président de la République islamique du Pakistan Mamnoon Hussain a effectué une visite d'État en Chine.

Le 19 février, le Président Xi Jinping et le Président pakistanais Mamnoon Hussain (à gauche) s'entretiennent au Grand Palais du Peuple, à Beijing, et assistent ensemble à la cérémonie de signature de documents de coopération.

China's Foreign Affairs
Les affaires étrangères de la Chine

2月19日至22日，应国家主席习近平邀请，塞内加尔共和国总统马基·萨勒对中国进行国事访问。

2月20日，习近平主席在北京人民大会堂与塞内加尔总统萨勒（左）举行会谈并共同出席有关合作文件的签字仪式。

From 19 to 22 February, at the invitation of President Xi Jinping, President Macky Sall of the Republic of Senegal paid a state visit to China.

On 20 February, President Xi Jinping held talks and attended the signing ceremony of relevant cooperation documents with President Sall (left) of Senegal at the Great Hall of the People, Beijing.

Du 19 au 22 février, sur l'invitation du Président Xi Jinping, le Président de la République du Sénégal Macky Sall a effectué une visite d'État en Chine.

Le 20 février, le Président Xi Jinping et le Président sénégalais Macky Sall (à gauche) s'entretiennent au Grand Palais du Peuple, à Beijing, et assistent ensemble à la cérémonie de signature de documents de coopération.

4月8日至10日，应国家主席习近平邀请，以色列国总统西蒙·佩雷斯对中国进行国事访问。

4月8日，习近平主席（左三）在北京人民大会堂与以色列总统佩雷斯（右四）举行会谈。

From 8 to 10 April, at the invitation of President Xi Jinping, President Shimon Peres of the State of Israel paid a state visit to China.

On 8 April, President Xi Jinping (third from left) held talks with Israeli President Peres (fourth from right) at the Great Hall of the People, Beijing.

Du 8 au 10 avril, sur l'invitation du Président Xi Jinping, le Président de l'État d'Israël Shimon Peres a effectué une visite d'État en Chine.

Le 8 avril, le Président Xi Jinping (3ᵉ à gauche) s'entretient avec le Président israélien Shimon Peres (4ᵉ à droite) au Grand Palais du Peuple, à Beijing.

来访

第一部分 高层往来 深化友谊
Part 1　High-level Exchanges to Deepen Friendship
Partie 1　Échanges de haut niveau pour une amitié approfondie

4月24日至28日，应国家主席习近平邀请，丹麦王国女王玛格丽特二世对中国进行国事访问。

4月24日，习近平主席（左五）在北京人民大会堂与丹麦女王玛格丽特二世（右四）举行会谈。

From 24 to 28 April, at the invitation of President Xi Jinping, Queen Margrethe II of the Kingdom of Denmark paid a state visit to China.

On 24 April, President Xi Jinping (fifth from left) held talks with Danish Queen Margrethe II (fourth from right) at the Great Hall of the People, Beijing.

Du 24 au 28 avril, sur l'invitation du Président Xi Jinping, la Reine Margrethe II du Danemark a effectué une visite d'État en Chine.

Le 24 avril, le Président Xi Jinping (5ᵉ à gauche) s'entretient avec la Reine Margrethe II (4ᵉ à droite) du Danemark au Grand Palais du Peuple, à Beijing.

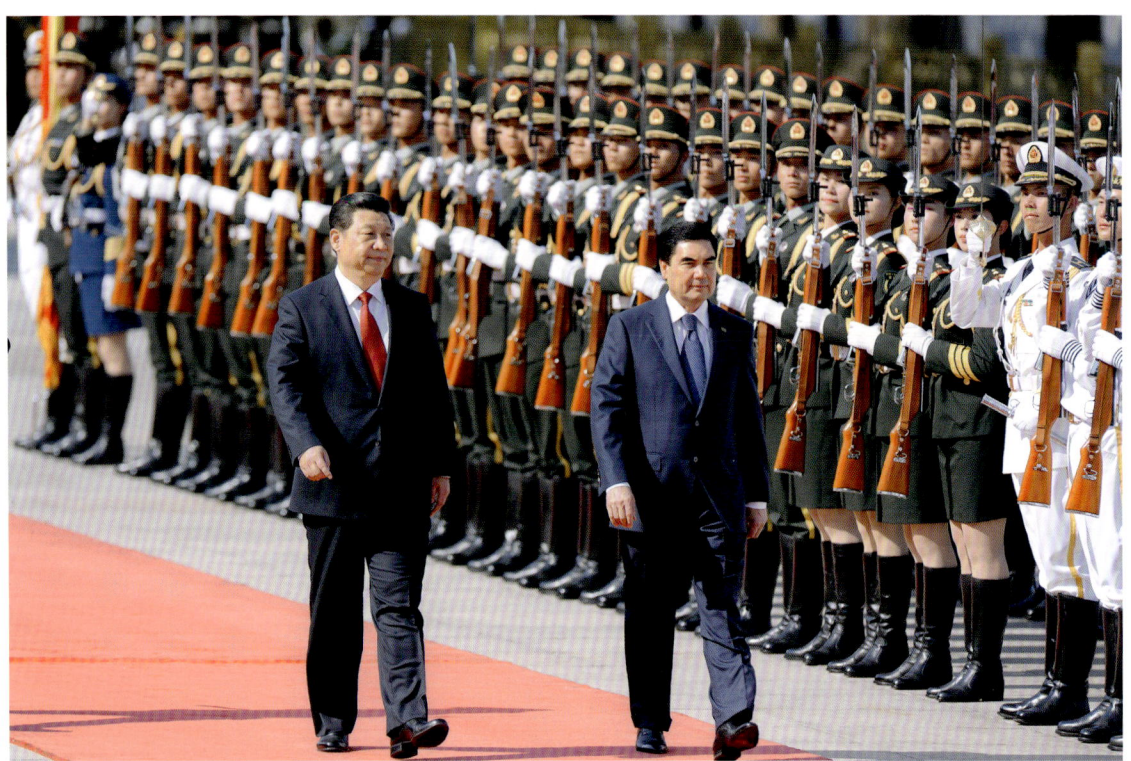

5月11日至14日，应国家主席习近平邀请，土库曼斯坦总统库尔班古力·别尔德穆哈梅多夫对中国进行国事访问。

5月12日，习近平主席在北京人民大会堂为土库曼斯坦总统别尔德穆哈梅多夫（前右）举行欢迎仪式。

From 11 to 14 May, at the invitation of President Xi Jinping, President Gurbanguly Berdymukhamedov of Turkmenistan paid a state visit to China.

On 12 May, President Xi Jinping held a welcoming ceremony for Turkmen President Berdymukhamedov (front right) at the Great Hall of the People, Beijing.

Du 11 au 14 mai, sur l'invitation du Président Xi Jinping, le Président du Turkménistan Gurbanguly Berdimuhamedov a effectué une visite d'État en Chine.

Le 12 mai, le Président Xi Jinping tient une cérémonie d'accueil en l'honneur du Président turkmène Gurbanguly Berdimuhamedov (1er plan à droite) au Grand Palais du Peuple, à Beijing.

5月12日至18日，应国家主席习近平邀请，葡萄牙共和国总统卡瓦科·席尔瓦对中国进行国事访问。

5月15日，习近平主席（右二）在北京人民大会堂与葡萄牙总统席尔瓦（左二）举行会谈并共同出席有关合作文件的签字仪式。

From 12 to 18 May, at the invitation of President Xi Jinping, President Cavaco Silva of the Portuguese Republic paid a state visit to China.

On 15 May, President Xi Jinping (second from right) held talks and attended the signing ceremony of relevant cooperation documents with Portuguese President Silva (second from left) at the Great Hall of the People, Beijing.

Du 12 au 18 mai, sur l'invitation du Président Xi Jinping, le Président de la République portugaise Aníbal António Cavaco Silva a effectué une visite d'État en Chine.

Le 15 mai, le Président Xi Jinping (2e à droite) et le Président portugais Aníbal António Cavaco Silva (2e à gauche) s'entretiennent au Grand Palais du Peuple, à Beijing, et assistent ensemble à la cérémonie de signature de documents de coopération.

第一部分 高层往来 深化友谊
Part 1 High-level Exchanges to Deepen Friendship
Partie 1 Échanges de haut niveau pour une amitié approfondie

来访

5月17日至21日，应国家主席习近平邀请，吉尔吉斯共和国总统阿尔马兹别克·阿坦巴耶夫对中国进行国事访问并出席亚洲相互协作与信任措施会议第四次峰会。

5月18日，习近平主席在上海与吉尔吉斯斯坦总统阿坦巴耶夫（左）举行会谈并共同签署《中华人民共和国与吉尔吉斯共和国关于进一步深化战略伙伴关系的联合宣言》。

From 17 to 21 May, at the invitation of President Xi Jinping, President Almazbek Atambayev of the Kyrgyz Republic paid a state visit to China and attended the fourth Summit of the Conference on Interaction and Confidence-building Measures in Asia.

On 18 May, President Xi Jinping held talks and signed the *Joint Declaration on Further Deepening Strategic Partnership Between the People's Republic of China and the Kyrgyz Republic* with Kyrgyz President Atambayev (left) in Shanghai.

Du 17 au 21 mai, sur l'invitation du Président Xi Jinping, le Président de la République kirghize Almazbek Atambayev a effectué une visite d'État en Chine et participé au 4ᵉ Sommet de la Conférence sur l'interaction et les mesures de confiance en Asie (CICA).

Le 18 mai, le Président Xi Jinping et le Président kirghize Almazbek Atambayev (à gauche) s'entretiennent à Shanghai et signent la *Déclaration conjointe sur l'approfondissement continu du partenariat stratégique entre la République populaire de Chine et la République kirghize*.

5月19日至22日，应国家主席习近平邀请，哈萨克斯坦共和国总统努尔苏丹·纳扎尔巴耶夫对中国进行国事访问并出席亚洲相互协作与信任措施会议第四次峰会。

5月19日，习近平主席（右三）在上海与哈萨克斯坦总统纳扎尔巴耶夫（左二）举行会谈。

From 19 to 22 May, at the invitation of President Xi Jinping, President Nursultan Nazarbayev of the Republic of Kazakhstan paid a state visit to China and attended the fourth Summit of the Conference on Interaction and Confidence-building Measures in Asia.

On 19 May, President Xi Jinping (third from right) held talks with President Nazarbayev (second from left) of Kazakhstan in Shanghai.

Du 19 au 22 mai, sur l'invitation du Président Xi Jinping, le Président de la République du Kazakhstan Noursoultan Nazarbaïev a effectué une visite d'État en Chine et participé au 4ᵉ Sommet de la CICA.

Le 19 mai, le Président Xi Jinping (3ᵉ à droite) s'entretient avec le Président kazakh Noursoultan Nazarbaïev (2ᵉ à gauche) à Shanghai.

5月20日至21日,应国家主席习近平邀请,俄罗斯联邦总统弗拉基米尔·弗拉基米罗维奇·普京对中国进行国事访问并出席亚洲相互协作与信任措施会议第四次峰会。

5月20日,习近平主席在上海为俄罗斯总统普京(右)举行欢迎仪式。

From 20 to 21 May, at the invitation of President Xi Jinping, President Vladimir Vladimirovich Putin of the Russian Federation paid a state visit to China and attended the fourth Summit of the Conference on Interaction and Confidence-building Measures in Asia.

On 20 May, President Xi Jinping held a welcoming ceremony for Russian President Putin (right) in Shanghai.

Les 20 et 21 mai, sur l'invitation du Président Xi Jinping, le Président de la Fédération de Russie Vladimir Vladimirovitch Poutine a effectué une visite d'État en Chine et participé au 4ᵉ Sommet de la Conférence sur l'interaction et les mesures de confiance en Asie.

Le 20 mai, le Président Xi Jinping tient une cérémonie d'accueil en l'honneur du Président russe Vladimir Vladimirovitch Poutine (à droite) à Shanghai.

来访

第一部分　高层往来 深化友谊
Part 1　High-level Exchanges to Deepen Friendship
Partie 1　Échanges de haut niveau pour une amitié approfondie

5月20日至22日，应国家主席习近平邀请，伊朗伊斯兰共和国总统哈桑·鲁哈尼对中国进行国事访问并出席亚洲相互协作与信任措施会议第四次峰会。

5月22日，习近平主席在上海为伊朗总统鲁哈尼（前右）举行欢迎仪式。（上图）

6月11日至19日，应国家主席习近平邀请，刚果共和国总统德尼·萨苏－恩格索对中国进行国事访问并出席太湖世界文化论坛第三届年会。

6月12日，习近平主席在北京人民大会堂与刚果（布）总统萨苏（左）举行会谈并共同出席有关合作文件的签字仪式。（下图）

From 20 to 22 May, at the invitation of President Xi Jinping, President Hassan Rouhani of the Islamic Republic of Iran paid a state visit to China and attended the fourth Summit of the Conference on Interaction and Confidence-building Measures in Asia.

On 22 May, President Xi Jinping held a welcoming ceremony for Iranian President Rouhani (front right) in Shanghai. (Upper picture)

From 11 to 19 June, at the invitation of President Xi Jinping, President Denis Sassou-N'guesso of the Republic of Congo paid a state visit to China and attended the third Annual Conference of the Taihu World Cultural Forum.

On 12 June, President Xi Jinping held talks and attended the signing ceremony of relevant cooperation documents with President Sassou (left) of the Republic of Congo at the Great Hall of the People, Beijing. (Lower picture)

Du 20 au 22 mai, sur l'invitation du Président Xi Jinping, le Président de la République islamique d'Iran Hassan Rouhani a effectué une visite d'État en Chine et participé au 4ᵉ Sommet de la Conférence sur l'interaction et les mesures de confiance en Asie.

Le 22 mai, le Président Xi Jinping tient une cérémonie d'accueil en l'honneur du Président iranien Hassan Rouhani (1ᵉʳ plan à droite) à Shanghai. (Photo en haut)

Du 11 au 19 juin, sur l'invitation du Président Xi Jinping, le Président de la République du Congo Denis Sassou-N'guesso a effectué une visite d'État en Chine et assisté à la 3ᵉ Conférence annuelle du Forum culturel mondial de Taihu.

Le 12 juin, le Président Xi Jinping et le Président de la République du Congo Denis Sassou-N'guesso (à gauche) s'entretiennent au Grand Palais du Peuple, à Beijing, et assistent ensemble à la cérémonie de signature de documents de coopération. (Photo en bas)

6月27日至30日，应国家主席习近平邀请，缅甸联邦共和国总统登盛来华出席和平共处五项原则发表六十周年纪念大会并对中国进行国事访问。

6月27日，习近平主席（左五）在北京人民大会堂与缅甸总统登盛（右四）举行会谈。

From 27 to 30 June, at the invitation of President Xi Jinping, President Thein Sein of the Republic of the Union of Myanmar attended the Meeting Marking the 60th Anniversary of the Initiation of the Five Principles of Peaceful Coexistence and paid a state visit to China.

On 27 June, President Xi Jinping (fifth from left) held talks with President Thein Sein (fourth from right) of Myanmar at the Great Hall of the People, Beijing.

Du 27 au 30 juin, sur l'invitation du Président Xi Jinping, le Président de la République de l'Union du Myanmar U Thein Sein est venu en Chine pour la Conférence commémorative du 60ᵉ anniversaire de la publication des Cinq Principes de la Coexistence pacifique et a effectué une visite d'État dans le pays.

Le 27 juin, le Président Xi Jinping (5ᵉ à gauche) s'entretient avec le Président du Myanmar U Thein Sein (4ᵉ à droite) au Grand Palais du Peuple, à Beijing.

7月8日至13日，应国家主席习近平邀请，埃塞俄比亚联邦民主共和国总统穆拉图·特肖梅对中国进行国事访问并出席生态文明贵阳国际论坛2014年年会。

7月9日，习近平主席在北京人民大会堂为埃塞俄比亚总统穆拉图（前右）举行欢迎仪式。

From 8 to 13 July, at the invitation of President Xi Jinping, President Mulatu Teshome of the Federal Democratic Republic of Ethiopia paid a state visit to China and attended the Eco-Forum Global Annual Conference Guiyang 2014.

On 9 July, President Xi Jinping held a welcoming ceremony for Ethiopian President Mulatu (front right) at the Great Hall of the People, Beijing.

Du 8 au 13 juillet, sur l'invitation du Président Xi Jinping, le Président de la République fédérale démocratique d'Éthiopie Mulatu Teshome a effectué une visite d'État en Chine et assisté à la Conférence annuelle de l'Eco-Forum global Guiyang 2014.

Le 9 juillet, le Président Xi Jinping tient une cérémonie d'accueil en l'honneur du Président éthiopien Mulatu Teshome (1ᵉʳ plan à droite) au Grand Palais du Peuple, à Beijing.

来访

第一部分 高层往来 深化友谊
Part 1 High-level Exchanges to Deepen Friendship
Partie 1 Échanges de haut niveau pour une amitié approfondie

8月19日至20日，应国家主席习近平邀请，乌兹别克斯坦共和国总统伊斯拉姆·卡里莫夫对中国进行国事访问。

8月19日，习近平主席在北京人民大会堂与乌兹别克斯坦总统卡里莫夫（左）举行会谈并共同签署联合宣言。（上图）

8月24日至28日，应国家主席习近平邀请，津巴布韦共和国总统罗伯特·加布里埃尔·穆加贝对中国进行国事访问。

8月25日，习近平主席（左四）在北京人民大会堂与津巴布韦总统穆加贝（右四）举行会谈。（下图）

From 19 to 20 August, at the invitation of President Xi Jinping, President Islam Karimov of the Republic of Uzbekistan paid a state visit to China.

On 19 August, President Xi Jinping held talks and signed a joint declaration with President Karimov (left) of Uzbekistan at the Great Hall of the People, Beijing. (Upper picture)

From 24 to 28 August, at the invitation of President Xi Jinping, President Robert Gabriel Mugabe of the Republic of Zimbabwe paid a state visit to China.

On 25 August, President Xi Jinping (fourth from left) held talks with President Mugabe (fourth from right) of Zimbabwe at the Great Hall of the People, Beijing. (Lower picture)

Les 19 et 20 août, sur l'invitation du Président Xi Jinping, le Président de la République d'Ouzbékistan Islam Karimov a effectué une visite d'État en Chine.

Le 19 août, le Président Xi Jinping et le Président ouzbek Islam Karimov (à gauche) s'entretiennent au Grand Palais du Peuple, à Beijing, et signent une déclaration conjointe. (Photo en haut)

Du 24 au 28 août, sur l'invitation du Président Xi Jinping, le Président de la République du Zimbabwe Robert Gabriel Mugabe a effectué une visite d'État en Chine.

Le 25 août, le Président Xi Jinping (4ᵉ à gauche) s'entretient avec le Président zimbabwéen Robert Gabriel Mugabe (4ᵉ à droite) au Grand Palais du Peuple, à Beijing. (Photo en bas)

9月3日至8日，应国家主席习近平邀请，马来西亚最高元首端古·阿尔哈吉·阿卜杜勒·哈利姆·穆阿扎姆·沙阿对中国进行国事访问。

9月4日，习近平主席（右三）在北京人民大会堂会见马来西亚最高元首哈利姆（左二）。

From 3 to 8 September, at the invitation of President Xi Jinping, Sultan Tuanku Alhaj Abdul Halim Mu'Adzam Shah of Malaysia paid a state visit to China.

On 4 September, President Xi Jinping (third from right) met with Yang di-Pertuan Agong Halim (second from left) of Malaysia at the Great Hall of the People, Beijing.

Du 3 au 8 septembre, sur l'invitation du Président Xi Jinping, le Chef d'État suprême de Malaisie Tuanku Alhaj Abdul Halim Mu'Adzam Shah a effectué une visite d'État en Chine.

Le 4 septembre, le Président Xi Jinping (3ᵉ à droite) rencontre le Chef d'État suprême de Malaisie Tuanku Alhaj Abdul Halim Mu'Adzam Shah (2ᵉ à gauche) au Grand Palais du Peuple, à Beijing.

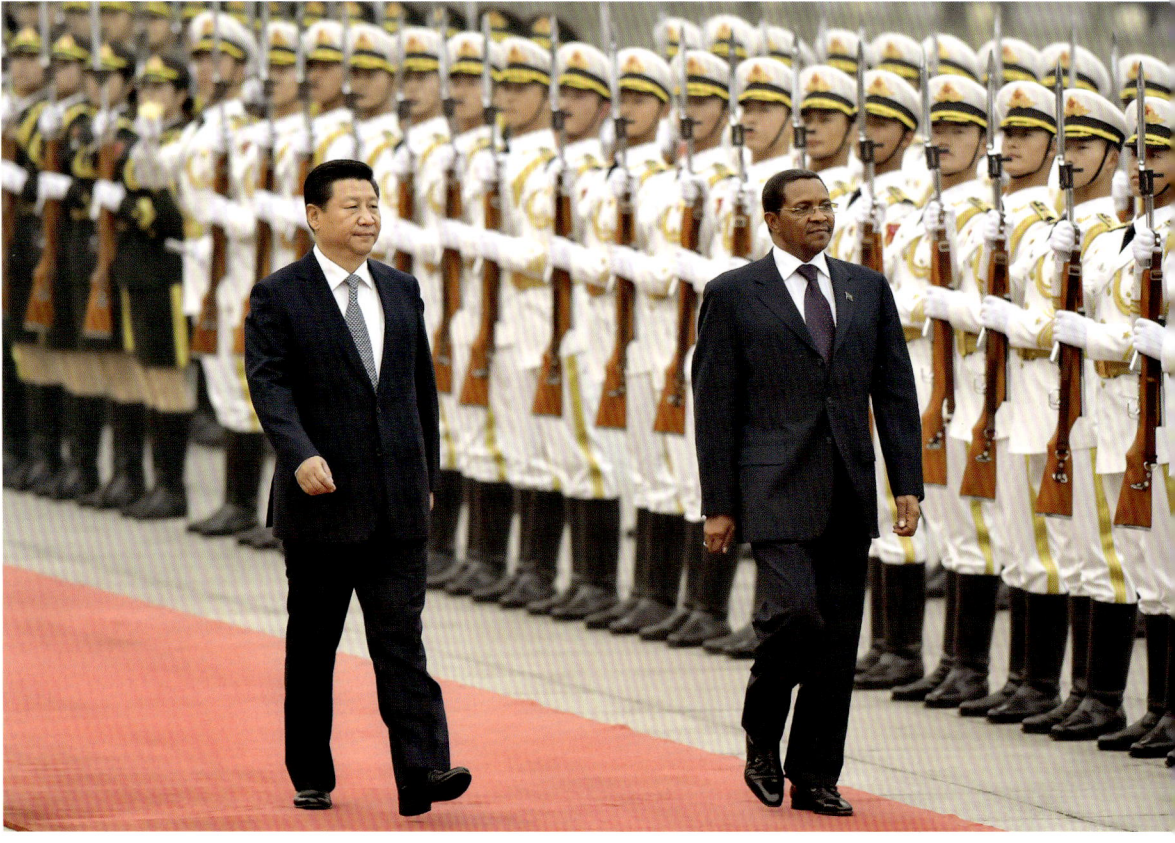

10月21日至26日，应国家主席习近平邀请，坦桑尼亚联合共和国总统贾卡亚·姆里绍·基奎特对中国进行国事访问。

10月24日，习近平主席在北京人民大会堂为坦桑尼亚总统基奎特（前右）举行欢迎仪式。

From 21 to 26 October, at the invitation of President Xi Jinping, President Jakaya Mrisho Kikwete of the United Republic of Tanzania paid a state visit to China.

On 24 October, President Xi Jinping held a welcoming ceremony for Tanzanian President Kikwete (front right) at the Great Hall of the People, Beijing.

Du 21 au 26 octobre, sur l'invitation du Président Xi Jinping, le Président de la République-Unie de Tanzanie Jakaya Mrisho Kikwete a effectué une visite d'État en Chine.

Le 24 octobre, le Président Xi Jinping tient une cérémonie d'accueil en l'honneur du Président tanzanien Jakaya Mrisho Kikwete (1ᵉʳ plan à droite) au Grand Palais du Peuple, à Beijing.

来访

第一部分 高层往来 深化友谊
Part 1 High-level Exchanges to Deepen Friendship
Partie 1 Échanges de haut niveau pour une amitié approfondie

10月24日至27日，应国家主席习近平邀请，捷克共和国总统米洛什·泽曼对中国进行国事访问。

10月27日，习近平主席（右二）在北京人民大会堂与捷克总统泽曼（左二）举行会谈并共同出席有关合作文件的签字仪式。（上图）

10月28日至31日，应国家主席习近平邀请，阿富汗伊斯兰共和国总统阿什拉夫·加尼·艾哈迈德扎伊对中国进行国事访问并出席阿富汗问题伊斯坦布尔进程第四次外长会开幕式。

10月28日，习近平主席（左六）在北京人民大会堂与阿富汗总统加尼（右七）举行会谈。（下图）

From 24 to 27 October, at the invitation of President Xi Jinping, President Miloš Zeman of the Czech Republic paid a state visit to China.

On 27 October, President Xi Jinping (second from right) held talks and attended the signing ceremony of relevant cooperation documents with President Zeman (second from left) of the Czech Republic at the Great Hall of the People, Beijing. (Upper picture)

From 28 to 31 October, at the invitation of President Xi Jinping, President Ashraf Ghani Ahmadzai of the Islamic Republic of Afghanistan paid a state visit to China and attended the opening ceremony of the fourth Ministerial Conference of the Istanbul Process on Afghanistan.

On 28 October, President Xi Jinping (sixth from left) held talks with Afghan President Ghani (seventh from right) at the Great Hall of the People, Beijing. (Lower picture)

Du 24 au 27 octobre, sur l'invitation du Président Xi Jinping, le Président de la République tchèque Miloš Zeman a effectué une visite d'État en Chine.

Le 27 octobre, le Président Xi Jinping (2ᵉ à droite) et le Président tchèque Miloš Zeman (2ᵉ à gauche) s'entretiennent au Grand Palais du Peuple, à Beijing, et assistent ensemble à la cérémonie de signature de documents de coopération. (Photo en haut)

Du 28 au 31 octobre, sur l'invitation du Président Xi Jinping, le Président de la République islamique d'Afghanistan Ashraf Ghani Ahmadzai a effectué une visite d'État en Chine et participé à la cérémonie d'ouverture de la 4ᵉ réunion des ministres des Affaires étrangères du processus d'Istanbul sur l'Afghanistan.

Le 28 octobre, le Président Xi Jinping (6ᵉ à gauche) s'entretient avec le Président afghan Ashraf Ghani Ahmadzai (7ᵉ à droite) au Grand Palais du Peuple, à Beijing. (Photo en bas)

　11月3日至4日，应国家主席习近平邀请，卡塔尔国埃米尔塔米姆·本·哈马德·阿勒萨尼对中国进行国事访问。

　11月3日，习近平主席在北京人民大会堂与卡塔尔埃米尔塔米姆（左）举行会谈并共同出席有关合作文件的签字仪式。

From 3 to 4 November, at the invitation of President Xi Jinping, Emir Sheikh Tamim Bin Hamad al-Thani of the State of Qatar paid a state visit to China.

On 3 November, President Xi Jinping held talks and attended the signing ceremony of relevant cooperation documents with Emir Tamim (left) of Qatar at the Great Hall of the People, Beijing.

Les 3 et 4 novembre, sur l'invitation du Président Xi Jinping, l'Émir de l'État du Qatar Cheikh Tamim bin Hamad Al-Thani a effectué une visite d'État en Chine.

Le 3 novembre, le Président Xi Jinping et l'Émir du Qatar Cheikh Tamim bin Hamad Al-Thani (à gauche) s'entretiennent au Grand Palais du Peuple, à Beijing, et assistent ensemble à la cérémonie de signature de documents de coopération.

　11月7日，中日就处理和改善中日关系达成四点原则共识。11月10日，国家主席习近平在北京人民大会堂应约会见来华出席亚太经合组织第二十二次领导人非正式会议的日本首相安倍晋三（左）。

On 7 November, China and Japan reached a four-point principled agreement on handling and improving China-Japan relationship. On 10 November, at the Great Hall of the People in Beijing, President Xi Jinping met with Japanese Prime Minister Shinzo Abe (left) at the latter's request who was in China for the 22nd APEC Economic Leaders' Meeting.

Le 7 novembre, la Chine et le Japon parviennent à un consensus de principe en quatre points sur la gestion et l'amélioration des relations sino-japonaises. Le 10 novembre, le Président Xi Jinping rencontre, sur demande, le Premier Ministre japonais Shinzo Abe (à gauche) à l'occasion de la 22ᵉ Réunion des Dirigeants des Entités économiques de l'APEC tenue en Chine.

来访

第一部分　高层往来　深化友谊
Part 1　High-level Exchanges to Deepen Friendship
Partie 1　Échanges de haut niveau pour une amitié approfondie

11月10日至12日，应国家主席习近平邀请，美利坚合众国总统巴拉克·奥巴马来华出席亚太经合组织第二十二次领导人非正式会议并对中国进行国事访问。

11月11日，习近平主席在北京中南海瀛台涵元殿与美国总统奥巴马（左）举行会晤。两国元首就中美关系及共同关心的重大国际和地区问题坦诚深入交换意见。

From 10 to 12 November, at the invitation of President Xi Jinping, President Barack Obama of the United States of America attended the 22nd APEC Economic Leaders' Meeting and paid a state visit to China.

On 11 November, President Xi Jinping and US President Obama (left) held a meeting at the Hanyuan Hall of Yingtai, Zhongnanhai, Beijing. The two heads of state had an in-depth and candid exchange of views on China-US relations and major international and regional issues of common interest.

Du 10 au 12 novembre, sur l'invitation du Président Xi Jinping, le Président des États-Unis d'Amérique Barack Obama est venu en Chine pour la 22ᵉ Réunion des Dirigeants des Entités économiques de l'APEC et a effectué une visite d'État dans le pays.

Le 11 novembre, le Président Xi Jinping rencontre le Président américain Barack Obama (à gauche) dans la Salle Hanyuan du Pavillon Yingtai, à Zhongnanhai, à Beijing. Les deux Chefs d'État procèdent à des échanges de vues sincères et approfondis sur les relations sino-américaines et les grandes questions internationales et régionales d'intérêt commun.

China's Foreign Affairs
Les affaires étrangères de la Chine

来访

11月10日至13日，应国家主席习近平邀请，墨西哥合众国总统恩里克·培尼亚·涅托来华出席亚太经合组织第二十二次领导人非正式会议并对中国进行国事访问。

11月13日，习近平主席（左三）在北京人民大会堂与墨西哥总统培尼亚（右三）举行会谈。

From 10 to 13 November, at the invitation of President Xi Jinping, President Enrique Peña Nieto of the United Mexican States attended the 22nd APEC Economic Leaders' Meeting and paid a state visit to China.

On 13 November, President Xi Jinping (third from left) held talks with Mexican President Peña (third from right) at the Great Hall of the People, Beijing.

Du 10 au 13 novembre, sur l'invitation du Président Xi Jinping, le Président des États-Unis du Mexique Enrique Peña Nieto est venu en Chine pour la 22ᵉ Réunion des Dirigeants des Entités économiques de l'APEC et a effectué une visite d'État dans le pays.

Le 13 novembre, le Président Xi Jinping (3ᵉ à gauche) s'entretient avec le Président mexicain Enrique Peña Nieto (3ᵉ à droite) au Grand Palais du Peuple, à Beijing.

12月3日至5日，应国家主席习近平邀请，南非共和国总统雅各布·祖马对中国进行国事访问。

12月4日，习近平主席在北京人民大会堂与南非总统祖马（左）举行会谈并共同出席有关合作文件的签字仪式。

From 3 to 5 December, at the invitation of President Xi Jinping, President Jacob Zuma of the Republic of South Africa paid a state visit to China.

On 4 December, President Xi Jinping held talks and attended the signing ceremony of relevant cooperation documents with South African President Zuma (left) at the Great Hall of the People, Beijing.

Du 3 au 5 décembre, sur l'invitation du Président Xi Jinping, le Président de la République sud-africaine Jacob Zuma a effectué une visite d'État en Chine.

Le 4 décembre, le Président Xi Jinping et le Président sud-africain Jacob Zuma (à gauche) s'entretiennent au Grand Palais du Peuple, à Beijing, et assistent ensemble à la cérémonie de signature de documents de coopération.

来访

第一部分 高层往来 深化友谊
Part 1 High-level Exchanges to Deepen Friendship
Partie 1 Échanges de haut niveau pour une amitié approfondie

12月7日至15日，应国家主席习近平邀请，爱尔兰总统迈克尔·希金斯对中国进行国事访问。

12月9日，习近平主席在北京人民大会堂为爱尔兰总统希金斯（前右）举行欢迎仪式。（上图）

12月22日至25日，应国家主席习近平邀请，阿拉伯埃及共和国总统阿卜杜勒法塔赫·塞西对中国进行国事访问。

12月23日，习近平主席在北京人民大会堂为埃及总统塞西（前右）举行欢迎仪式。（下图）

From 7 to 15 December, at the invitation of President Xi Jinping, President Michael Higgins of Ireland paid a state visit to China.

On 9 December, President Xi Jinping held a welcoming ceremony for Irish President Higgins (front right) at the Great Hall of the People, Beijing. (Upper picture)

From 22 to 25 December, at the invitation of President Xi Jinping, President Abdul Fatah Al-Sisi of the Arab Republic of Egypt paid a state visit to China.

On 23 December, President Xi Jinping held a welcoming ceremony for Egyptian President Sisi (front right) at the Great Hall of the People, Beijing. (Lower picture)

Du 7 au 15 décembre, sur l'invitation du Président Xi Jinping, le Président d'Irlande Michael D. Higgins a effectué une visite d'État en Chine.

Le 9 décembre, le Président Xi Jinping tient une cérémonie d'accueil en l'honneur du Président irlandais Michael D. Higgins (1er plan à droite) au Grand Palais du Peuple, à Beijing. (Photo en haut)

Du 22 au 25 décembre, sur l'invitation du Président Xi Jinping, le Président de la République arabe d'Égypte Abdul Fatah Al-Sisi a effectué une visite d'État en Chine.

Le 23 décembre, le Président Xi Jinping tient une cérémonie d'accueil en l'honneur du Président égyptien Abdul Fatah Al-Sisi (1er plan à droite) au Grand Palais du Peuple, à Beijing. (Photo en bas)

1月19日至23日，应国务院总理李克强邀请，白俄罗斯共和国总理米哈伊尔·米亚斯尼科维奇对中国进行正式访问。

1月20日，李克强总理在北京人民大会堂与白俄罗斯总理米亚斯尼科维奇（左）举行会谈。

From 19 to 23 January, at the invitation of Premier Li Keqiang of the State Council, Prime Minister Mikhail Myasnikovich of the Republic of Belarus paid an official visit to China.

On 20 January, Premier Li Keqiang held talks with Prime Minister Myasnikovich (left) of Belarus at the Great Hall of the People, Beijing.

Du 19 au 23 janvier, sur l'invitation du Premier Ministre du Conseil des Affaires d'État Li Keqiang, le Premier Ministre de la République du Bélarus Mikhail Myasnikovich a effectué une visite officielle en Chine.

Le 20 janvier, le Premier Ministre Li Keqiang s'entretient avec le Premier Ministre bélarussien Mikhail Myasnikovich (à gauche) au Grand Palais du Peuple, à Beijing.

2月11日至13日，应国务院总理李克强邀请，匈牙利总理欧尔班·维克多对中国进行正式访问。

2月12日，李克强总理（左三）在北京人民大会堂与匈牙利总理欧尔班（右二）举行会谈。

From 11 to 13 February, at the invitation of Premier Li Keqiang of the State Council, Prime Minister Viktor Orban of Hungary paid an official visit to China.

On 12 February, Premier Li Keqiang (third from left) held talks with Hungarian Prime Minister Orban (second from right) at the Great Hall of the People, Beijing.

Du 11 au 13 février, sur l'invitation du Premier Ministre du Conseil des Affaires d'État Li Keqiang, le Premier Ministre de Hongrie Viktor Orbán a effectué une visite officielle en Chine.

Le 12 février, le Premier Ministre Li Keqiang (3ᵉ à gauche) s'entretient avec le Premier Ministre hongrois Viktor Orbán (2ᵉ à droite) au Grand Palais du Peuple, à Beijing.

来访

第一部分 高层往来 深化友谊
Part 1　High-level Exchanges to Deepen Friendship
Partie 1　Échanges de haut niveau pour une amitié approfondie

4月8日至12日，应国务院总理李克强邀请，老挝人民民主共和国总理通邢·塔马冯对中国进行正式访问并出席博鳌亚洲论坛2014年年会。

4月8日，李克强总理在海南三亚为老挝总理通邢（左）举行欢迎仪式。

From 8 to 12 April, at the invitation of Premier Li Keqiang of the State Council, Prime Minister Thongsing Thammavong of the Lao People's Democratic Republic paid an official visit to China and attended the Boao Forum for Asia Annual Conference 2014.

On 8 April, Premier Li Keqiang held a welcoming ceremony for Lao Prime Minister Thongsing (left) in Sanya, Hainan Province.

Du 8 au 12 avril, sur l'invitation du Premier Ministre du Conseil des Affaires d'État Li Keqiang, le Premier Ministre de la République démocratique populaire lao Thongsing Thammavong a effectué une visite officielle en Chine et participé à la Conférence annuelle 2014 du Forum de Bo'ao pour l'Asie.

Le 8 avril, le Premier Ministre Li Keqiang tient une cérémonie d'accueil en l'honneur du Premier Ministre lao Thongsing Thammavong (à gauche) à Sanya, à Hainan.

2月24日至3月1日，应国务院总理李克强邀请，特立尼达和多巴哥共和国总理卡姆拉·佩萨德—比塞萨尔对中国进行正式访问。

2月25日，李克强总理在北京人民大会堂为特立尼达和多巴哥总理比塞萨尔（前右）举行欢迎仪式。

From 24 February to 1 March, at the invitation of Premier Li Keqiang of the State Council, Prime Minister Kamla Persad-Bissessar of the Republic of Trinidad and Tobago paid an official visit to China.

On 25 February, Premier Li Keqiang held a welcoming ceremony for Prime Minister Bissessar (front right) of Trinidad and Tobago at the Great Hall of the People, Beijing.

Du 24 février au 1er mars, sur l'invitation du Premier Ministre du Conseil des Affaires d'État Li Keqiang, la Premier Ministre de la République de Trinité-et-Tobago Kamla Persad-Bissessar a effectué une visite officielle en Chine.

Le 25 février, le Premier Ministre Li Keqiang tient une cérémonie d'accueil en l'honneur de la Premier Ministre trinidadienne Kamla Persad-Bissessar (1er plan à droite) au Grand Palais du Peuple, à Beijing.

4月6日至14日，应国务院总理李克强邀请，东帝汶民主共和国总理凯·拉拉·沙纳纳·古斯芒对中国进行正式访问并出席博鳌亚洲论坛2014年年会。

4月9日，李克强总理（右四）在海南三亚与东帝汶总理沙纳纳（左五）举行会谈。（左图）

4月6日至14日，应国务院总理李克强邀请，纳米比亚共和国总理哈格·根哥布对中国进行正式访问并出席博鳌亚洲论坛2014年年会。

4月9日，李克强总理在海南三亚为纳米比亚总理根哥布（右）举行欢迎仪式。（右图）

From 6 to 14 April, at the invitation of Premier Li Keqiang of the State Council, Prime Minister Kay Rala Xanana Gusmao of the Democratic Republic of Timor-Leste paid an official visit to China and attended the Boao Forum for Asia Annual Conference 2014.

On 9 April, Premier Li Keqiang (fourth from right) held talks with Prime Minister Xanana (fifth from left) of Timor-Leste in Sanya, Hainan Province. (Left picture)

From 6 to 14 April, at the invitation of Premier Li Keqiang of the State Council, Prime Minister Hage Geingob of the Republic of Namibia paid an official visit to China and attended the Boao Forum for Asia Annual Conference 2014.

On 9 April, Premier Li Keqiang held a welcoming ceremony for Namibian Prime Minister Geingob (right) in Sanya, Hainan Province. (Right picture)

Du 6 au 14 avril, sur l'invitation du Premier Ministre du Conseil des Affaires d'État Li Keqiang, le Premier Ministre de la République démocratique du Timor-Leste Kay Rala Xanana Gusmão a effectué une visite officielle en Chine et participé à la Conférence annuelle 2014 du Forum de Bo'ao pour l'Asie.

Le 9 avril, le Premier Ministre Li Keqiang (4ᵉ à droite) s'entretient avec le Premier Ministre est-timorais Kay Rala Xanana Gusmão (5ᵉ à gauche) à Sanya, à Hainan. (Photo à gauche)

Du 6 au 14 avril, sur l'invitation du Premier Ministre du Conseil des Affaires d'État Li Keqiang, le Premier Ministre de la République de Namibie Hage Geingob a effectué une visite officielle en Chine et participé à la Conférence annuelle 2014 du Forum de Bo'ao pour l'Asie.

Le 9 avril, le Premier Ministre Li Keqiang tient une cérémonie d'accueil en l'honneur du Premier Ministre namibien Hage Geingob (à droite) à Sanya, à Hainan. (Photo à droite)

第一部分 高层往来 深化友谊
Part 1 High-level Exchanges to Deepen Friendship
Partie 1 Échanges de haut niveau pour une amitié approfondie

来访

4月9日至12日，应国务院总理李克强邀请，澳大利亚联邦总理托尼·阿博特对中国进行正式访问并出席博鳌亚洲论坛2014年年会。

4月9日，李克强总理（右三）在海南三亚与澳大利亚总理阿博特（左三）举行中澳总理年度定期会晤。

From 9 to 12 April, at the invitation of Premier Li Keqiang of the State Council, Prime Minister Tony Abbott of the Commonwealth of Australia paid an official visit to China and attended the Boao Forum for Asia Annual Conference 2014.

On 9 April, Premier Li Keqiang (third from right) held an annual Prime Ministers' meeting with Australian Prime Minister Abbott (third from left) in Sanya, Hainan Province.

Du 9 au 12 avril, sur l'invitation du Premier Ministre du Conseil des Affaires d'État Li Keqiang, le Premier Ministre du Commonwealth d'Australie Tony Abbott a effectué une visite officielle en Chine et participé à la Conférence annuelle 2014 du Forum de Bo'ao pour l'Asie.

Le 9 avril, le Premier Ministre Li Keqiang (3ᵉ à droite) et le Premier Ministre australien Tony Abbott (3ᵉ à gauche) tiennent la rencontre annuelle des Premiers ministres chinois et australiens à Sanya, à Hainan.

来访

6月3日至5日，应国务院总理李克强邀请，科威特国首相贾比尔·穆巴拉克·哈马德·萨巴赫对中国进行正式访问并出席中阿合作论坛第六届部长级会议开幕式。

6月3日，李克强总理在北京人民大会堂与科威特首相贾比尔（左）举行会谈并共同出席有关合作文件的签字仪式。（上图）

6月6日至11日，应国务院总理李克强邀请，孟加拉人民共和国总理谢赫·哈西娜对中国进行正式访问并出席第二届中国—南亚博览会暨第二十二届昆交会开幕式。

6月9日，李克强总理在北京人民大会堂为孟加拉总理哈西娜（前右）举行欢迎仪式。（下图）

From 3 to 5 June, at the invitation of Premier Li Keqiang of the State Council, Prime Minister Jaber Al-Mubarak Al-Hamad Al-Sabah of the State of Kuwait paid an official visit to China and attended the opening ceremony of the sixth Ministerial Conference of the China-Arab States Cooperation Forum.

On 3 June, Premier Li Keqiang held talks and attended the signing ceremony of relevant cooperation documents with Kuwaiti Prime Minister Jaber (left) at the Great Hall of the People, Beijing. (Upper picture)

From 6 to 11 June, at the invitation of Premier Li Keqiang of the State Council, Prime Minister Sheikh Hasina of the People's Republic of Bangladesh paid an official visit to China and attended the opening ceremony of the second China-South Asia Expo and the 22nd Kunming Fair.

On 9 June, Premier Li Keqiang held a welcoming ceremony for Prime Minister Hasina (front right) of Bangladesh at the Great Hall of the People, Beijing. (Lower picture)

Du 3 au 5 juin, sur l'invitation du Premier Ministre du Conseil des Affaires d`État Li Keqiang, le Premier Ministre de l'État du Koweït Jaber Al-Mubarak Al-Hamad Al-Sabah a effectué une visite officielle en Chine et participé à la cérémonie d'ouverture de la 6e Conférence ministérielle du Forum sur la Coopération sino-arabe.

Le 3 juin, le Premier Ministre Li Keqiang et le Premier Ministre koweïtien Jaber Al-Mubarak Al-Hamad Al-Sabah (à gauche) s'entretiennent au Grand Palais du Peuple, à Beijing, et assistent ensemble à la cérémonie de signature de documents de coopération. (Photo en haut)

Du 6 au 11 juin, sur l'invitation du Premier Ministre du Conseil des Affaires d'État Li Keqiang, la Premier Ministre de la République populaire du Bangladesh Sheikh Hasina a effectué une visite officielle en Chine et participé à la cérémonie d'ouverture de la 2e édition de l'Exposition Chine-Asie du Sud et de la 22e édition de la Foire de Kunming.

Le 9 juin, le Premier Ministre Li Keqiang tient une cérémonie d'accueil en l'honneur de la Premier Ministre bangladaise Sheikh Hasina (1er plan à droite) au Grand Palais du Peuple, à Beijing.(Photo en bas)

第一部分 高层往来 深化友谊
Part 1 High-level Exchanges to Deepen Friendship
Partie 1 Échanges de haut niveau pour une amitié approfondie

来访

6月10日至12日，应国务院总理李克强邀请，意大利共和国总理马泰奥·伦齐对中国进行正式访问。

6月11日，李克强总理在北京人民大会堂与意大利总理伦齐（左）共同会见记者。（上图）

7月6日至8日，应国务院总理李克强邀请，德意志联邦共和国总理安格拉·默克尔对中国进行正式访问。

7月7日，李克强总理（左五）在北京人民大会堂与德国总理默克尔（右三）举行会谈。（下图）

From 10 to 12 June, at the invitation of Premier Li Keqiang of the State Council, Prime Minister Matteo Renzi of the Republic of Italy paid an official visit to China.

On 11 June, Premier Li Keqiang met the press together with Italian Prime Minister Renzi (left) at the Great Hall of the People, Beijing. (Upper picture)

From 6 to 8 July, Chancellor Angela Merkel of the Federal Republic of Germany paid an official visit to China at the invitation of Premier Li Keqiang of the State Council.

On 7 July, Premier Li Keqiang (fifth from left) held talks with German Chancellor Merkel (third from right) at the Great Hall of the People, Beijing. (Lower picture)

Du 10 au 12 juin, sur l'invitation du Premier Ministre du Conseil des Affaires d'État Li Keqiang, le Président du Conseil des ministres de la République italienne Matteo Renzi a effectué une visite officielle en Chine.

Le 11 juin, le Premier Ministre Li Keqiang et le Président du Conseil des ministres de l'Italie Matteo Renzi (à gauche) rencontrent ensemble la presse au Grand Palais du Peuple, à Beijing. (Photo en haut)

Du 6 au 8 juillet, sur l'invitation du Premier Ministre du Conseil des Affaires d'État Li Keqiang, la Chancelière de la République fédérale d'Allemagne Angela Merkel a effectué une visite officielle en Chine.

Le 7 juillet, le Premier Ministre Li Keqiang (5ᵉ à gauche) s'entretient avec la Chancelière allemande Angela Merkel (3ᵉ à droite) au Grand Palais du Peuple, à Beijing. (Photo en bas)

8月31日至9月2日，应国务院总理李克强邀请，罗马尼亚总理维克多·蓬塔对中国进行正式访问。

9月1日，李克强总理在北京人民大会堂为罗马尼亚总理蓬塔（前右）举行欢迎仪式。

From 31 August to 2 September, Prime Minister Victor Ponta of Romania paid an official visit to China at the invitation of Premier Li Keqiang of the State Council.

On 1 September, Premier Li Keqiang held a welcoming ceremony for Romanian Prime Minister Ponta (front right) at the Great Hall of the People, Beijing.

Du 31 août au 2 septembre, sur l'invitation du Premier Ministre du Conseil des Affaires d'État Li Keqiang, le Premier Ministre de Roumanie Victor Ponta a effectué une visite officielle en Chine.

Le 1er septembre, le Premier Ministre Li Keqiang tient une cérémonie d'accueil en l'honneur du Premier Ministre roumain Victor Ponta (1er plan à droite) au Grand Palais du Peuple, à Beijing.

9月24日至27日，应国务院总理李克强邀请，西班牙王国首相马里亚诺·拉霍伊·布雷对中国进行正式访问。

9月25日，李克强总理在北京人民大会堂与西班牙首相拉霍伊（左）举行会谈并共同出席有关合作文件的签字仪式。

From 24 to 27 September, Prime Minister Mariano Rajoy Brey of the Kingdom of Spain paid an official visit to China at the invitation of Premier Li Keqiang of the State Council.

On 25 September, Premier Li Keqiang held talks with Spanish Prime Minister Rajoy (left), and they jointly attended the signing ceremony of relevant cooperation documents at the Great Hall of the People, Beijing.

Du 24 au 27 septembre, sur l'invitation du Premier Ministre du Conseil des Affaires d'État Li Keqiang, le Premier Ministre du Royaume d'Espagne Mariano Rajoy Brey a effectué une visite officielle en Chine.

Le 25 septembre, le Premier Ministre Li Keqiang et le Premier Ministre espagnol Mariano Rajoy Brey (à gauche) s'entretiennent au Grand Palais du Peuple, à Beijing, et assistent ensemble à la cérémonie de signature de documents de coopération.

来访

第一部分　高层往来 深化友谊
Part 1　High-level Exchanges to Deepen Friendship
Partie 1　Échanges de haut niveau pour une amitié approfondie

　　11月6日至10日，应国务院总理李克强邀请，加拿大总理斯蒂芬·哈珀对中国进行正式访问。

　　11月8日，李克强总理（左五）在北京人民大会堂与加拿大总理哈珀（右四）举行会谈。（上图）

　　12月22日至23日，应国务院总理李克强邀请，泰王国总理巴育·詹欧差对中国进行正式访问。

　　12月22日，李克强总理在北京人民大会堂与泰国总理巴育（左）举行会谈并共同出席有关合作文件的签字仪式。（下图）

From 6 to 10 November, Prime Minister Stephen Harper of Canada paid an official visit to China at the invitation of Premier Li Keqiang of the State Council.

On 8 November, Premier Li Keqiang (fifth from left) held talks with Canadian Prime Minister Harper (fourth from right) at the Great Hall of the People, Beijing. (Upper picture)

From 22 to 23 December, Prime Minister Prayuth Chanocha of the Kingdom of Thailand paid an official visit to China at the invitation of Premier Li Keqiang of the State Council.

On 22 December, Premier Li Keqiang held talks with Thai Prime Minister Prayuth (left), and they jointly attended the signing ceremony of relevant cooperation documents at the Great Hall of the People, Beijing. (Lower picture)

Du 6 au 10 novembre, sur l'invitation du Premier Ministre du Conseil des Affaires d'État Li Keqiang, le Premier Ministre du Canada Stephen Harper a effectué une visite officielle en Chine.

Le 8 novembre, le Premier Ministre Li Keqiang (5ᵉ à gauche) s'entretient avec le Premier Ministre canadien Stephen Harper (4ᵉ à droite) au Grand Palais du Peuple, à Beijing. (Photo en haut)

Les 22 et 23 décembre, sur l'invitation du Premier Ministre du Conseil des Affaires d'État Li Keqiang, le Premier Ministre du Royaume de Thaïlande Prayuth Chan-ocha a effectué une visite officielle en Chine.

Le 22 décembre, le Premier Ministre Li Keqiang et le Premier Ministre thaïlandais Prayuth Chan-ocha (à gauche) s'entretiennent au Grand Palais du Peuple, à Beijing, et assistent ensemble à la cérémonie de signature de documents de coopération. (Photo en bas)

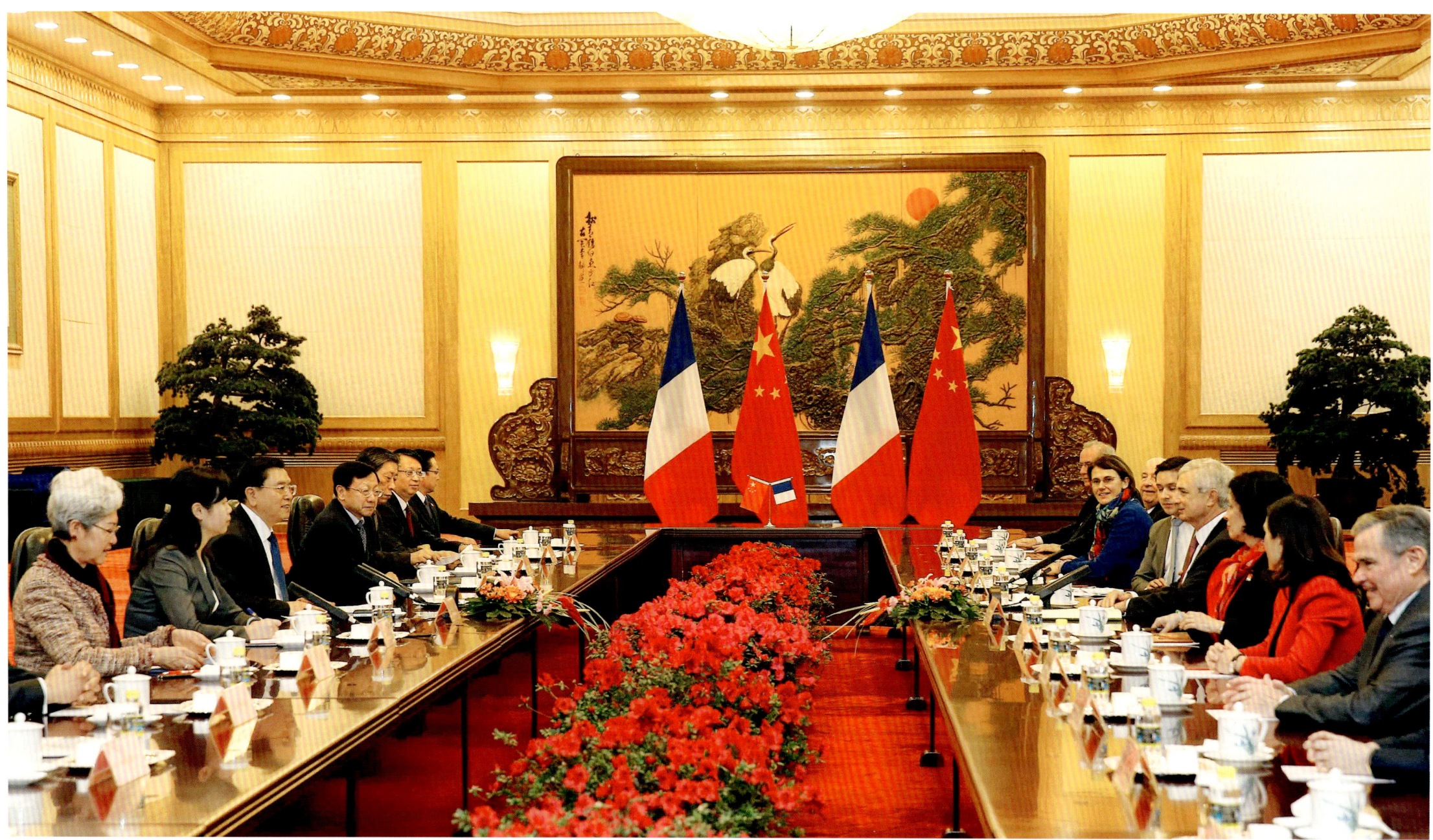

1月23日，全国人大常委会委员长张德江（左三）在北京人民大会堂与法国国民议会议长巴尔托洛内（右四）举行会谈。

On 23 January, Chairman Zhang Dejiang of the Standing Committee of the National People's Congress (third from left) held talks with President of the National Assembly of France Claude Bartolone (fourth from right) at the Great Hall of the People in Beijing.

Le 23 janvier, le Président du Comité permanent de l'APN Zhang Dejiang (3ᵉ à gauche) s'entretient avec le Président de l'Assemblée nationale française Claude Bartolone (4ᵉ à droite) au Grand Palais du Peuple, à Beijing.

来访

第一部分　高层往来　深化友谊
Part 1　High-level Exchanges to Deepen Friendship
Partie 1　Échanges de haut niveau pour une amitié approfondie

3月31日至4月4日，应全国人大常委会委员长张德江邀请，苏丹共和国国民议会议长法提赫·伊扎丁对中国进行正式友好访问。

4月3日，张德江委员长在北京人民大会堂与苏丹国民议会议长法提赫（左）举行会谈。

From 31 March to 4 April, Speaker Al-Fatih Izz Al-Deen of the National Assembly of the Republic of Sudan paid an official goodwill visit to China at the invitation of NPC Chairman Zhang Dejiang.

On 3 April, NPC Chairman Zhang Dejiang held talks with Sudanese Speaker of the National Assembly Al-Fatih (left) at the Great Hall of the People, Beijing.

Du 31 mars au 4 avril, sur l'invitation du Président du Comité permanent de l'APN Zhang Dejiang, le Président de l'Assemblée nationale de la République du Soudan Al-Fatih Izz alden a effectué une visite officielle d'amitié en Chine.

Le 3 avril, le Président du Comité permanent de l'APN Zhang Dejiang s'entretient avec le Président de l'Assemblée nationale soudanaise Al-Fatih Izz alden (à gauche) au Grand Palais du Peuple, à Beijing.

5月19日，全国人大常委会委员长张德江在北京人民大会堂与萨摩亚独立国议长拉乌利·施密特（左）举行会谈。

On 19 May, NPC Chairman Zhang Dejiang held talks with Speaker Laauli Schmidt (left) of the Legislative Assembly of the Independent State of Samoa at the Great Hall of the People, Beijing.

Le 19 mai, le Président du Comité permanent de l'APN Zhang Dejiang s'entretient avec le Président de l'Assemblée législative de l'État indépendant du Samoa Laauli Leuatea Polataivao Fosi Schmidt (à gauche) au Grand Palais du Peuple, à Beijing.

China's Foreign Affairs
Les affaires étrangères de la Chine

来访

　　7月3日，全国人大常委会委员长张德江在北京人民大会堂与瑞士联邦议会联邦院议长格尔曼（左）举行会谈。（左图）

　　9月23日，全国人大常委会委员长张德江（前右）在北京人民大会堂与俄罗斯联邦委员会主席马特维延科（前左）共同签署中俄议会合作委员会章程。（中图）

On 3 July, NPC Chairman Zhang Dejiang held talks with President Hannes Germann (left) of the Council of States of the Federal Assembly of Switzerland at the Great Hall of the People, Beijing. (Left picture)

On 23 September, Chairman Zhang Dejiang of the Standing Committee of the National People's Congress (front right) and Chairwoman Valentina Matvienko of the Council of the Federation of Russia (front left) signed the charter of the cooperation committee between the National People's Congress of China and the Council of the Federation of Russia at the Great Hall of the People. (Middle picture)

Le 3 juillet, le Président du Comité permanent de l'APN Zhang Dejiang s'entretient avec le Président du Conseil des États de la Confédération suisse Hannes Germann (à gauche) au Grand Palais du Peuple, à Beijing. (Photo à gauche)

来访

第一部分　高层往来　深化友谊
Part 1　High-level Exchanges to Deepen Friendship
Partie 1　Échanges de haut niveau pour une amitié approfondie

Le 23 septembre, le Président du Comité permanent de l'APN Zhang Dejiang (1er plan, à droite) et la Présidente du Conseil de la Fédération de l'Assemblée fédérale de la Fédération de Russie Valentina Matvienko (1er plan, à gauche) signent ensemble les *Statuts du Comité de coopération entre l'Assemblée populaire nationale de la République populaire de Chine et le Conseil de la Fédération de l'Assemblée fédérale de la Fédération de Russie* au Grand Palais du Peuple, à Beijing. (Photo au milieu)

12月17日，全国人大常委会委员长张德江在北京人民大会堂与韩国国会议长郑义和（左）举行会谈。（右图）

On 17 December, Chairman Zhang Dejiang of the Standing Committee of the National People's Congress held talks with Speaker of the National Assembly of the Republic of Korea Chung Ui-hwa (left) at the Great Hall of the People in Beijing. (Right picture)

Le 17 décembre, le Président du Comité permanent de l'APN Zhang Dejiang s'entretient avec le Président de l'Assemblée nationale de la République de Corée Chung Ui-hwa (à gauche) au Grand Palais du Peuple, à Beijing. (Photo à droite)

5月14日，全国政协主席俞正声在北京会见巴基斯坦参议院主席赛义德·纳亚尔·侯赛因·布哈里（左）。（上图）

10月24日，全国政协主席俞正声在北京会见巴哈马国参议院议长莎伦·威尔逊（左）。（下图）

On 14 May, CPPCC Chairman Yu Zhengsheng met with Syed Nayyer Hussain Bokhari (left), Chairman of the Senate of Pakistan, in Beijing. (Upper picture)

On 24 October, CPPCC Chairman Yu Zhengsheng met with Sharon Wilson (left), President of the Senate of the Bahamas, in Beijing. (Lower picture)

Le 14 mai, le Président du Comité national de la CCPPC Yu Zhengsheng rencontre le Président du Sénat pakistanais Syed Nayyer Hussain Bokhari (à gauche) à Beijing. (Photo en haut)

Le 24 octobre, le Président du Comité national de la CCPPC Yu Zhengsheng rencontre la Présidente du Sénat du Commonwealth des Bahamas Sharon Wilson (à gauche) à Beijing. (Photo en bas)

第一部分　高层往来　深化友谊
Part 1　High-level Exchanges to Deepen Friendship
Partie 1　Échanges de haut niveau pour une amitié approfondie

来访

10月27日，中共中央政治局常委、中央书记处书记刘云山在北京会见柬埔寨人民党中央日常工作小组组长、参议院第一副主席赛冲（左）。

On 27 October, Liu Yunshan, Member of the Standing Committee of the Political Bureau and Member of the Secretariat of the CPC Central Committee, met with Say Chhum (left), Chairman of the Permanent Committee of the Central Committee of the Cambodian People's Party and First Vice-President of the Senate of Cambodia, in Beijing.

Le 27 octobre, M. Liu Yunshan, membre du Comité permanent du Bureau politique et membre du Secrétariat du CC du PCC, rencontre, à Beijing, M. Say Chhum (à gauche), Président du Comité permanent du Comité central du Parti du peuple cambodgien et Premier Vice-Président du Sénat du Cambodge.

China's Foreign Affairs
Les affaires étrangères de la Chine

来访

7月28日，中共中央政治局常委、中央纪委书记王岐山在北京会见老挝人民革命党中央总书记、国家主席朱马里·赛雅颂（前左）。

On 28 July, Wang Qishan, Member of the Standing Committee of the Political Bureau and Secretary of the Central Commission for Discipline Inspection of the CPC Central Committee, met with Choummaly Sayasone (front left), General Secretary of the Central Committee of the Lao People's Revolutionary Party and President of Laos, in Beijing.

Le 28 juillet, M. Wang Qishan, membre du Comité permanent du Bureau politique du CC du PCC et Secrétaire de la Commission centrale de contrôle de la discipline du PCC, rencontre, à Beijing, M. Choummaly Sayasone (1er plan à gauche), Secrétaire général du Parti révolutionnaire du peuple lao et Président du Laos.

来访

第一部分 高层往来 深化友谊
Part 1　High-level Exchanges to Deepen Friendship
Partie 1　Échanges de haut niveau pour une amitié approfondie

11月7日，受国家主席习近平委托，中共中央政治局常委、中央纪委书记王岐山在北京会见塔吉克斯坦总统拉赫蒙（右）。

On 7 November, entrusted by President Xi Jinping, Wang Qishan, Member of the Standing Committee of the Political Bureau of the CPC Central Committee, met with President of Tajikistan Emomali Rahmon (right) in Beijing.

Le 7 novembre, mandaté par le Président Xi Jinping, M. Wang Qishan, membre du Comité permanent du Bureau politique du CC du PCC, rencontre le Président tadjik Emomali Rahmon (à droite) à Beijing.

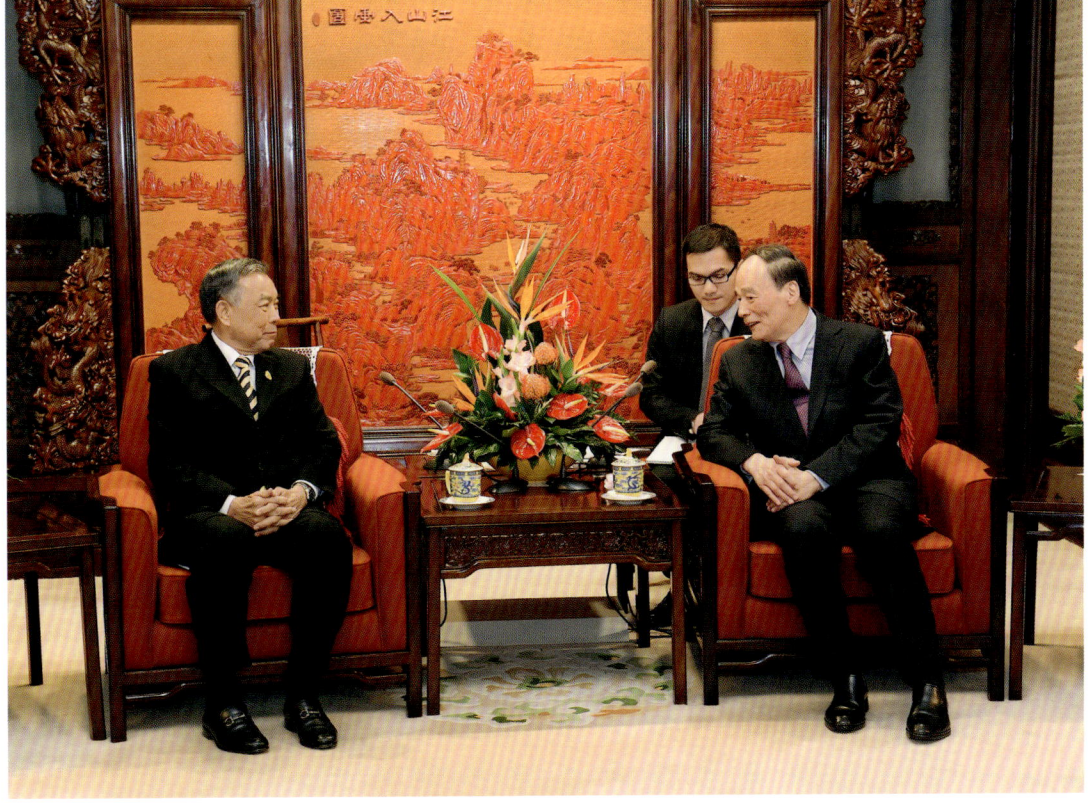

12月12日，中共中央政治局常委、中央纪委书记王岐山在北京会见泰国前国会副主席兼上议院议长提拉德·米翩（左）率领的泰国改革大会代表团。

On 12 December, Wang Qishan, Member of the Standing Committee of the Political Bureau and Secretary of the Central Commission for Discipline Inspection of the CPC Central Committee, met with a delegation of the National Reform Council of Thailand led by Teeradej Meepien (left), former Vice President of the National Assembly and former President of the Senate of Thailand, in Beijing.

Le 12 décembre, M. Wang Qishan, membre du Comité permanent du Bureau politique du CC du PCC et Secrétaire de la Commission centrale de contrôle de la discipline du PCC, rencontre, à Beijing, une délégation du Conseil national de réforme thaïlandais conduite par M. Theeradej Meepien (à gauche), ancien Vice-Président du Parlement et ancien Président du Sénat de Thaïlande.

3月24日，国务院副总理张高丽在北京与罗马尼亚第一副总理兼地区发展和公共行政部长利维乌·德拉格内亚（左）举行会谈。

On 24 March, Vice Premier Zhang Gaoli of the State Council held talks with Liviu Dragnea (left), Deputy Prime Minister and Minister of Regional Development and Public Administration of Romania, in Beijing.

Le 24 mars, le Vice-Premier Ministre du Conseil des Affaires d'État Zhang Gaoli s'entretient avec le Premier Vice-Premier Ministre et Ministre du Développement régional et de l'Administration publique de Roumanie Liviu Nicolae Dragnea (à gauche) à Beijing.

10月26日，国务院副总理张高丽在江苏苏州会见新加坡共和国副总理兼国家安全统筹部长及内政部长张志贤（左）。

On 26 October, Vice Premier Zhang Gaoli of the State Council met with Teo Chee Hean (left), Deputy Prime Minister and Coordinating Minister for National Security and Minister for Home Affairs of the Republic of Singapore, in Suzhou, Jiangsu Province.

Le 26 octobre, le Vice-Premier Ministre du Conseil des Affaires d'État Zhang Gaoli rencontre le Vice-Premier Ministre, Ministre pour la coordination de la Sécurité nationale et Ministre de l'Intérieur de la République de Singapour Teo Chee Hean (à gauche) à Suzhou, au Jiangsu.

来访

第一部分 高层往来 深化友谊
Part 1　High-level Exchanges to Deepen Friendship
Partie 1　Échanges de haut niveau pour une amitié approfondie

1月20日，国家副主席李源潮在北京会见厄瓜多尔共和国副总统豪尔赫·格拉斯（左）。（上图）

10月20日，国务院副总理汪洋在北京会见奥地利共和国副总理兼经济部长赖因霍尔德·米特勒纳（前左）。（下图）

On 20 January, Vice President Li Yuanchao met with Vice President Jorge Glas (left) of the Republic of Ecuador in Beijing. (Upper picture)

On 20 October, Vice Premier Wang Yang of the State Council met with Reinhold Mitterlehner (front left), Vice-Chancellor and Federal Minister of Economy of the Republic of Austria, in Beijing. (Lower picture)

Le 20 janvier, le Vice-Président Li Yuanchao rencontre le Vice-Président de la République de l'Équateur Jorge Glas Espinel (à gauche) à Beijing. (Photo en haut)

Le 20 octobre, le Vice-Premier Ministre du Conseil des Affaires d'État Wang Yang rencontre le Vice-Chancelier et Ministre des Sciences, de la Recherche et de l'Économie de la République d'Autriche Reinhold Mitterlehner (1er plan à gauche) à Beijing. (Photo en bas)

9月2日，中共中央政治局委员、新疆维吾尔自治区党委书记张春贤在新疆乌鲁木齐会见格鲁吉亚副议长兹维亚德·基吉古里（前左）。

On 2 September, Zhang Chunxian, Member of the Political Bureau of the CPC Central Committee and Secretary of the CPC Xinjiang Uygur Autonomous Region Committee, met with Zviad Dzidziguri (front left), Deputy Chairman of the Parliament of Georgia, in Urumqi, Xinjiang.

Le 2 septembre, M. Zhang Chunxian, membre du Bureau politique du CC du PCC et Secrétaire du Comité du PCC pour la région autonome ouïgoure du Xinjiang, rencontre le Vice-Président du Parlement géorgien Zviad Dzidziguri (1er plan à gauche) à Urümqi, au Xinjiang.

9月11日，中共中央政治局委员、广东省委书记胡春华在广东广州会见新加坡总理李显龙（前左）。

On 11 September, Hu Chunhua, Member of the Political Bureau of the CPC Central Committee and Secretary of the CPC Guangdong Provincial Committee, met with Singaporean Prime Minister Lee Hsien Loong (front left) in Guangzhou, Guangdong Province.

Le 11 septembre, M. Hu Chunhua, membre du Bureau politique du CC du PCC et Secrétaire du Comité du PCC pour la province du Guangdong, rencontre le Premier Ministre singapourien Lee Hsien Loong (1er plan à gauche) à Guangzhou, au Guangdong.

第一部分 高层往来 深化友谊
Part 1　High-level Exchanges to Deepen Friendship
Partie 1　Échanges de haut niveau pour une amitié approfondie

来访

7月9日，中共中央政治局委员、中央书记处书记、中央办公厅主任栗战书（右二）在北京与俄罗斯总统办公厅主任谢尔盖·伊万诺夫（左二）举行会谈。

On 9 July, Li Zhanshu (second from right), Director of the General Office of the CPC Central Committee, held talks with Sergei Ivanov (second from left), Chief of Staff of the Presidential Executive Office of Russia, in Beijing.

Le 9 juillet, le Chef de la Direction générale du CC du PCC Li Zhanshu (2ᵉ à droite) rencontre le Chef de l'administration présidentielle russe Sergei Ivanov (2ᵉ à gauche) à Beijing.

9月9日，中共中央政治局委员、上海市委书记韩正在上海会见美国前总统吉米·卡特（左）。

On 9 September, Han Zheng, Member of the Political Bureau of the CPC Central Committee and Secretary of the CPC Shanghai Municipal Committee, met with former President of the United States Jimmy Carter (left) in Shanghai.

Le 9 septembre, M. Han Zheng, membre du Bureau politique du CC du PCC et Secrétaire du Comité du PCC pour la municipalité de Shanghai, rencontre l'ancien Président américain Jimmy Carter (à gauche) à Shanghai.

7月9日，国家主席习近平特别代表、国务院副总理汪洋（右二）和国务委员杨洁篪（右一）在北京钓鱼台国宾馆与美国总统奥巴马特别代表、国务卿约翰·克里（左二）和财政部长雅各布·卢（左一）共同出席第六轮中美战略与经济对话联合开场会。

On 9 July, Vice Premier Wang Yang of the State Council (second from right) and State Councilor Yang Jiechi (first from right), as special representatives of Chinese President Xi Jinping, attended the opening ceremony of the sixth round of the China-US Strategic and Economic Dialogue with Secretary of State John Kerry (second from left) and Secretary of the Treasury Jacob Lew (first from left), special representatives of US President Barack Obama, at the Diaoyutai State Guesthouse, Beijing.

Le 9 juillet, le Vice-Premier Ministre du Conseil des Affaires d'État Wang Yang (2ᵉ à droite) et le Conseiller d'État Yang Jiechi (1ᵉʳ à droite), Représentants spéciaux du Président Xi Jinping, participent avec le Secrétaire d'État américain John Kerry (2ᵉ à gauche) et le Secrétaire américain au Trésor Jacob Lew (1ᵉʳ à gauche), Représentants spéciaux du Président Barack Obama, à la séance d'ouverture du 6ᵉ tour de dialogue économique et stratégique sino-américain à la Résidence des Hôtes d'État Diaoyutai, à Beijing.

第一部分 高层往来 深化友谊
Part 1 High-level Exchanges to Deepen Friendship
Partie 1 Échanges de haut niveau pour une amitié approfondie

战略对话

1月27日，国务委员杨洁篪（右四）在比利时布鲁塞尔与欧盟外交与安全政策高级代表兼欧盟委员会副主席凯瑟琳·阿什顿（右三）共同主持第四轮中欧高级别战略对话。（上图）

2月10日，中印边界问题中方特别代表、国务委员杨洁篪（右）在印度新德里与印方特别代表、印度国家安全顾问希夫香卡尔·梅农举行中印边界问题特别代表第十七次会晤。（下图）

On 27 January, State Councilor Yang Jiechi (fourth from right) co-chaired the fourth China-EU High-level Strategic Dialogue with Catherine Ashton (third from right), High Representative of the European Union for Foreign Affairs and Security Policy and Vice President of the European Commission, in Brussels, Belgium. (Upper picture)

On 10 February, Chinese Special Representative on China-India Boundary Question and State Councilor Yang Jiechi (right) and Indian Special Representative and National Security Advisor Shivshankar Menon held the 17th Special Representatives' Meeting on China-India Boundary Question in New Delhi, India. (Lower picture)

Le 27 janvier, le Conseiller d'État Yang Jiechi (4ᵉ à droite) et la Haute Représentante de l'UE pour les affaires étrangères et la politique de sécurité et Vice-Présidente de la Commission européenne Catherine Ashton (3ᵉ à droite) coprésident le 4ᵉ tour de dialogue stratégique de haut niveau Chine-UE à Bruxelles, en Belgique. (Photo en haut)

Le 10 février, le Conseiller d'État Yang Jiechi (à droite), Représentant spécial de la partie chinoise pour la question frontalière entre la Chine et l'Inde, et le Conseiller à la sécurité nationale de l'Inde Shivshankar Menon, Représentant spécial de la partie indienne, tiennent la 17ᵉ rencontre entre les Représentants spéciaux chinois et indien pour la question frontalière à New Delhi, en Inde. (Photo en bas)

6月6日，国务委员杨洁篪（右三）在北京钓鱼台国宾馆与俄罗斯联邦安全会议秘书尼古拉·帕特鲁舍夫（左二）举行中俄第十轮战略安全磋商。（上图）

1月17日，外交部长王毅（右四）在北京钓鱼台国宾馆与海湾阿拉伯国家合作委员会成员国及秘书处代表出席中国和海湾阿拉伯国家合作委员会第三轮战略对话。（下图）

On 6 June, State Councilor Yang Jiechi (third from right) and Secretary of the Security Council of the Russian Federation Nikolai Patrushev (second from left) held the tenth round of China-Russia Strategic Security Consultation at the Diaoyutai State Guesthouse, Beijing. (Upper picture)

On 17 January, Foreign Minister Wang Yi (fourth from right) attended the third round of China-Gulf Cooperation Council Strategic Dialogue with representatives of the member states and secretariat of the Gulf Cooperation Council at the Diaoyutai State Guesthouse, Beijing. (Lower picture)

Le 6 juin, le Conseiller d'État Yang Jiechi (3ᵉ à droite) et le Secrétaire du Conseil de Sécurité de la Fédération de Russie Nikolai Patrushev (2ᵉ à gauche) tiennent le 10ᵉ tour de consultations sino-russes sur la sécurité stratégique à la Résidence des Hôtes d'État Diaoyutai, à Beijing. (Photo en haut)

Le 17 janvier, le Ministre des Affaires étrangères Wang Yi (4ᵉ à droite) et les représentants des États membres du Conseil de Coopération des États arabes du Golfe (CCG) et de son Secrétariat participent au 3ᵉ tour de dialogue stratégique Chine-CCG à la Résidence des Hôtes d'État Diaoyutai, à Beijing. (Photo en bas)

第二部分 主场外交 精彩纷呈

二零一四年，中国成功举办亚洲相互协作与信任措施会议（CICA）第四次峰会和亚太经合组织（APEC）第二十二次领导人非正式会议两大国际盛会，汇集了亚洲智慧，凝聚了亚太共识，办出了特色，办出了气势，办出了成效。在亚信峰会上，中国倡导共同、综合、合作、可持续的亚洲安全观，为维护亚洲乃至世界的安全稳定提供了新思路。在APEC会议上，习近平主席首次阐述亚太梦，指出中国梦同亚太梦、世界梦相融相通。会议确定建设面向未来的亚太伙伴关系，启动亚太自贸区进程并确定相关路线图，批准《亚太经合组织互联互通蓝图》，在促进亚太合作发展的历史进程中留下了深刻的中国印记。

Part 2
Highlights of Home Diplomacy

In 2014, China successfully hosted two major international meetings, namely, the fourth summit of the Conference on Interaction and Confidence Building Measures in Asia (CICA) and the 22nd Economic Leaders' Meeting of the Asia-Pacific Economic Cooperation (APEC). With unique features, great vigor and fruitful results, these events helped to pool Asian wisdom and build consensus in the Asia-Pacific. At the CICA summit, China advocated common, comprehensive, cooperative and sustainable security in Asia, providing a new approach for maintaining security and stability in Asia and the world at large. At the APEC meeting, President Xi Jinping elaborated on the Asia-Pacific dream for the first time, pointing out that the Chinese dream is intertwined with that of the Asia-Pacific and the world. The APEC meeting agreed to shape the future through Asia-Pacific partnership, launch the process of the Free Trade Area of the Asia-Pacific and approve the relevant roadmap, and adopt the *APEC Blueprint on Connectivity*. China has thus left its imprint in the historical process of promoting cooperation and development in the Asia-Pacific.

Partie 2
Diplomatie à domicile aux multiples temps forts

En 2014, la Chine a organisé avec succès le 4e Sommet de la Conférence sur l'interaction et les mesures de confiance en Asie (CICA) et la 22e Réunion des Dirigeants des Entités économiques de l'APEC, deux événements internationaux grandioses, marquants et fructueux, qui ont permis de rassembler la sagesse asiatique et de consolider les consensus en Asie-Pacifique. Lors du Sommet de la CICA, la Chine a avancé un concept de sécurité commune, globale, coopérative et durable en Asie, proposant une nouvelle piste de réflexion pour la préservation de la sécurité et de la stabilité en Asie et voire dans le monde entier. Lors de la Réunion de l'APEC, le Président Xi Jinping a présenté pour la première fois le rêve de l'Asie-Pacifique, soulignant que le rêve chinois est étroitement lié avec le rêve de l'Asie-Pacifique et le rêve du monde. Cette réunion a décidé de construire un partenariat Asie-Pacifique tourné vers l'avenir, lancé le processus vers la zone de libre-échange de l'Asie-Pacifique en élaborant une feuille de route sur sa réalisation et adopté le *Plan de l'APEC sur la connectivité*. La Chine a ainsi marqué profondément le processus historique de la promotion de la coopération et du développement en Asie-Pacifique.

第二部分 主场外交 精彩纷呈
Part 2 Highlights of Home Diplomacy
Partie 2 Diplomatie à domicile aux multiples temps forts

亚信峰会

5月21日，亚信第四次峰会在上海举行。（左图）

5月21日，国家主席习近平主持亚信第四次峰会并发表题为"积极树立亚洲安全观，共创安全合作新局面"的主旨讲话，倡导共同、综合、合作、可持续的亚洲安全观，推动在亚信基础上探讨建立地区安全合作新架构。（右图）

On 21 May, the fourth CICA summit was held in Shanghai. (Left picture)

On 21 May, President Xi Jinping chaired the fourth CICA summit and delivered a keynote speech entitled "New Asian Security Concept for New Progress in Security Cooperation", advocating common, comprehensive, cooperative and sustainable security in Asia and pushing for explorations on the establishment of a regional security cooperation architecture on the basis of CICA. (Right picture)

Le 21 mai, le 4ᵉ Sommet de la Conférence sur l'interaction et les mesures de confiance en Asie se tient à Shanghai. (Photo à gauche)

Le 21 mai, le Président Xi Jinping préside le 4ᵉ Sommet de la CICA et y prononce un discours intitulé « Nouveau concept de sécurité en Asie pour de nouveaux progrès dans la coopération sécuritaire », préconisant un concept de sécurité commune, globale, coopérative et durable en Asie en vue de la mise en place d'une nouvelle architecture de coopération sécuritaire régionale sur la base de la CICA. (Photo à droite)

5月21日，国家主席习近平（前右十二）在上海同出席亚信第四次峰会的各国和国际组织的领导人和代表集体合影。

On 21 May, President Xi Jinping (12th from right in the front) took a group photo with leaders and representatives of countries and international organizations attending the fourth CICA summit in Shanghai.

亚信峰会

第二部分　主场外交　精彩纷呈
Part 2　Highlights of Home Diplomacy
Partie 2　Diplomatie à domicile aux multiples temps forts

Le 21 mai, le Président Xi Jinping (1er plan, 12e à droite) en photo de famille avec les dirigeants et représentants des pays et organisations internationales participant au 4e Sommet de la CICA à Shanghai.

5月21日，亚信第四次峰会在上海世博中心闭幕，亚信主席国中国国家主席习近平（中）和亚信倡议国哈萨克斯坦总统努尔苏丹·阿比舍维奇·纳扎尔巴耶夫（左），亚信上届主席国土耳其总统特别代表、外长阿赫迈特·达乌特奥卢（右）共同会见记者。习近平主席表示，亚信国家必须团结协作，携手努力，通过加强自身合作实现亚洲安全。

On 21 May, the fourth CICA summit concluded at the Shanghai Expo Center. President Xi Jinping (center) of China, the chair of CICA, President Nursultan Abishevich Nazarbayev (left) of Kazakhstan, the initiator of CICA, and Foreign Minister Ahmet Davutoglu (right), Special Representative of President of Turkey, the previous chair of CICA, jointly met the press. President Xi Jinping said that CICA countries should uphold solidarity and make joint efforts to realize security in Asia by enhancing cooperation among Asian countries.

Le 21 mai, le 4ᵉ Sommet de la Conférence sur l'interaction et les mesures de confiance en Asie se clôture à Shanghai Expo Centre. Le Président Xi Jinping (au milieu) de la Chine, pays assumant la présidence de la CICA, le Président Noursoultan Nazarbaïev du Kazakhstan (à gauche), pays initiateur de la CICA, et le Ministre turc des Affaires étrangères Ahmet Davutoğlu (à droite), Représentant spécial du Président de la Turquie, pays assumant la présidence précédente de la CICA, rencontrent ensemble la presse. Le Président Xi Jinping invite les pays membres de la CICA à agir par solidarité, à travailler la main dans la main et à renforcer la coopération pour assurer la sécurité en Asie.

亚信峰会

5月20日，卡塔尔副首相兼内阁事务国务大臣艾哈迈德·本·阿卜杜拉·马哈茂德（左）在上海签署《卡塔尔关于获得亚信成员国地位的备忘录》。卡塔尔成为亚信第25个成员国。（上图）

5月20日，孟加拉国外交部长阿布·阿里（左）在上海签署《孟加拉国关于获得亚信成员国地位的备忘录》。孟加拉国成为亚信第26个成员国。（中图）

5月20日，亚信秘书处与上海合作组织秘书处在上海签署关于在地区安全、环保、文化等领域加强合作的《亚信会议与上合组织秘书处之间的谅解备忘录》。（下图）

On 20 May, Ahmed bin Abdullah Al Mahmoud (left), Deputy Prime Minister and Minister of State for Cabinet Affairs of Qatar, signed a memorandum of understanding on Qatar becoming a member of CICA in Shanghai. Qatar became the 25th member state of CICA. (Upper picture)

On 20 May, Bangladeshi Foreign Minister Abul Hassan Mahmood Ali (left) signed a memorandum of understanding on Bangladesh becoming a member of CICA in Shanghai. Bangladesh became the 26th member state of CICA. (Middle picture)

On 20 May, the Secretariat of CICA and the Secretariat of Shanghai Cooperation Organization signed the *Memorandum of Understanding Between the Secretariat of CICA and the Secretariat of SCO* on strengthening cooperation in regional security, environmental protection, culture and other fields in Shanghai.(Lower picture)

Le 20 mai, M. Ahmad Bin Abdallah Al-Mahmoud (à gauche), Vice-Premier Ministre et Ministre d'État pour les Affaires du Conseil des ministres du Qatar, signe, à Shanghai, le *Mémorandum sur l'obtention par le Qatar du statut de pays membre de la CICA*. Le Qatar devient ainsi le 25ᵉ pays membre de la CICA. (Photo en haut)

Le 20 mai, le Ministre bangladais des Affaires étrangères Abul Hassan Mahmood Ali (à gauche) signe, à Shanghai, le *Mémorandum sur l'obtention par le Bangladesh du statut de pays membre de la CICA*. Le Bangladesh devient ainsi le 26ᵉ pays membre de la CICA. (Photo au milieu)

Le 20 mai, les Secrétariats de la CICA et de l'Organisation de Coopération de Shanghai (OCS) signent, à Shanghai, le *Mémorandum d'entente entre le Secrétariat de la CICA et le Secrétariat de l'OCS* qui porte sur le renforcement de la coopération entre les deux organisations dans les domaines de la sécurité régionale, de la protection de l'environnement et de la culture. (Photo en bas)

5月21日，国家主席习近平夫人彭丽媛（左二）在上海同出席亚信第四次峰会的部分国家领导人夫人欣赏列入中国非物质文化遗产的顾绣展示。

On 21 May, Madam Peng Liyuan (second from left), wife of President Xi Jinping, watched the demonstration of the craft of Gu Embroidery, an intangible cultural heritage of China, with wives of some state leaders attending the fourth CICA summit in Shanghai.

Le 21 mai, Mme Peng Liyuan (2ᵉ à gauche), épouse du Président Xi Jinping, et les épouses des dirigeants de pays participant au 4ᵉ Sommet de la CICA, assistent à une démonstration de la fabrication de la broderie de l'école Gu, classée au patrimoine culturel immatériel chinois.

5月18日，外交部副部长程国平（中）在上海亚信第四次峰会新闻中心就亚信峰会最新情况举行中外媒体吹风会。

On 18 May, Vice Foreign Minister Cheng Guoping (center) held a press briefing for the Chinese and foreign media on the latest developments of the CICA summit at the media center of the fourth CICA Summit in Shanghai.

Le 18 mai, le Vice-Ministre des Affaires étrangères Cheng Guoping (au milieu) tient, au Centre de presse du 4ᵉ Sommet de la CICA, à Shanghai, une réunion d'information sur le Sommet.

第二部分　主场外交 精彩纷呈
Part 2　Highlights of Home Diplomacy
Partie 2　Diplomatie à domicile aux multiples temps forts

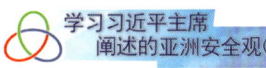

5月21日，亚信第四次峰会通过《亚洲相互协作与信任措施会议第四次峰会上海宣言》，就加强对话、信任与协作，共建和平、稳定与合作的新亚洲达成共识。亚信第四次峰会结束后，《人民日报》刊发系列文章阐述亚洲安全观。

On 21 May, the fourth CICA summit adopted the *Shanghai Declaration of the Fourth Summit of the Conference on Interaction and Confidence Building Measures in Asia*, reaching consensus on enhancing dialogue, trust and coordination for a new Asia of peace, stability and cooperation. After the conclusion of the fourth CICA summit, the *People's Daily* published a series of articles on Asian security.

Le 21 mai, le 4ᵉ Sommet de la Conférence sur l'interaction et les mesures de confiance en Asie adopte la *Déclaration de Shanghai* et dégage un consensus sur le renforcement du dialogue, de la confiance et de l'interaction et la construction commune d'une nouvelle Asie de paix, de stabilité et de coopération. À l'issue du Sommet, le *Quotidien du Peuple* ouvre une tribune sur le concept de sécurité en Asie avec la publication de plusieurs articles.

雁栖岛全景
A panoramic view of the Yanqi Island
Vue panoramique de l'îlot Yanqi

2014年亚太经合组织会议

第二部分 主场外交 精彩纷呈
Part 2　Highlights of Home Diplomacy
Partie 2　Diplomatie à domicile aux multiples temps forts

11月11日，国家主席习近平（前左二）在北京雁栖湖国际会议中心同出席亚太经合组织第二十二次领导人非正式会议的各经济体领导人或代表步入会场。

On 11 November, President Xi Jinping (second from left in the front) walked into the conference hall with leaders and representatives of the economies attending the 22nd APEC Economic Leaders' Meeting at the International Convention Center of the Yanqi Lake, Beijing.

Le 11 novembre, au Centre international de Conférences du Lac Yanqi, à Beijing, le Président Xi Jinping (1er plan, 2e à gauche) et les autres dirigeants et représentants des entités économiques participant à la 22e Réunion des Dirigeants des Entités économiques de l'APEC entrent dans la salle de conférence.

2014年亚太经合组织会议

　　11月11日，国家主席习近平在北京雁栖湖国际会议中心主持APEC第二十二次领导人非正式会议并发表讲话，倡导本着互信、包容、合作、共赢的精神，共建面向未来的亚太伙伴关系。（左图）

　　APEC第二十二次领导人非正式会议主会场。（右图）

On 11 November, President Xi Jinping chaired the 22nd APEC Economic Leaders' Meeting and delivered a speech at the International Convention Center of the Yanqi Lake, Beijing, advocating the initiative to shape the future through Asia-Pacific partnership in the spirit of mutual trust, inclusiveness, cooperation and mutual benefit. (Left picture)

The main conference hall of the 22nd APEC Economic Leaders' Meeting (Right picture)

Le 11 novembre, au Centre international de Conférences du Lac Yanqi, à Beijing, le Président Xi Jinping préside la 22ᵉ Réunion des Dirigeants des Entités économiques de l'APEC et y prononce un discours, préconisant la construction d'un partenariat Asie-Pacifique tourné vers l'avenir dans un esprit de confiance mutuelle, d'inclusivité et de coopération gagnant-gagnant. (Photo à gauche)

La salle de conférence principale de la 22ᵉ Réunion des Dirigeants des Entités économiques de l'APEC. (Photo à droite)

2014年亚太经合组织会议

第二部分　主场外交　精彩纷呈
Part 2　Highlights of Home Diplomacy
Partie 2　Diplomatie à domicile aux multiples temps forts

2014年亚太经合组织会议

THE 22ND APEC ECONOMIC LEADERS' MEETING

中国 北京　2014年11月11日　　BEIJING, CHINA　11 NOVEMBER 2014

11月11日，国家主席习近平（前左六）在北京雁栖湖国际会议中心同出席APEC第二十二次领导人非正式会议的各经济体领导人或代表集体合影。

On 11 November, President Xi Jinping (sixth from left in the front) took a group photo with leaders and representatives of the economies attending the 22nd APEC Economic Leaders' Meeting at the International Convention Center of the Yanqi Lake, Beijing.

Le 11 novembre, au Centre international de Conférences du Lac Yanqi, à Beijing, le Président Xi Jinping (1er plan, 6e à gauche) pose pour une photo de famille avec les autres dirigeants et représentants des entités économiques participant à la 22e Réunion des Dirigeants des Entités économiques de l'APEC.

2014年亚太经合组织会议

第二部分 主场外交 精彩纷呈
Part 2　Highlights of Home Diplomacy
Partie 2　Diplomatie à domicile aux multiples temps forts

11月9日，国家主席习近平在北京国家会议中心出席APEC工商领导人峰会开幕式并发表题为"谋求持久发展，共筑亚太梦想"的主旨演讲，阐述亚太梦。

On 9 November, President Xi Jinping attended the opening ceremony of the APEC CEO Summit at the China National Convention Center, Beijing, and delivered a keynote speech entitled "Seek Sustained Development and Fulfill the Asia-Pacific Dream", elaborating on the Asia-Pacific dream.

Le 9 novembre, au Centre national des Congrès, à Beijing, le Président Xi Jinping participe à la cérémonie d'ouverture du APEC CEO Summit et y prononce un discours intitulé « Chercher le développement soutenu et réaliser le rêve de l'Asie-Pacifique » dans lequel il présente le rêve de l'Asie-Pacifique.

11月9日，国家主席习近平（前左八）在北京国家会议中心同出席APEC工商领导人峰会的会议代表集体合影。

On 9 November, President Xi Jinping (eighth from left in the front) took a group photo with representatives attending the APEC CEO Summit at the China National Convention Center, Beijing.

Le 9 novembre, au Centre national des Congrès, à Beijing, le Président Xi Jinping (1er plan, 8e à gauche) pose pour une photo de famille avec les délégués participant au APEC CEO Summit.

2014年亚太经合组织会议

第二部分 主场外交 精彩纷呈
Part 2　Highlights of Home Diplomacy
Partie 2　Diplomatie à domicile aux multiples temps forts

11月10日，国家主席习近平在北京出席APEC领导人同工商咨询理事会代表对话会并致辞。

On 10 November, President Xi Jinping attended and addressed the APEC Business Advisory Council Dialogue with Leaders in Beijing.

Le 10 novembre, le Président Xi Jinping participe, à Beijing, au Dialogue entre les dirigeants de l'APEC et les représentants du Conseil consultatif d'affaires de l'APEC et y prononce une allocution.

2014年亚太经合组织会议

11月8日,国家主席习近平在北京钓鱼台国宾馆主持加强互联互通伙伴关系对话会并发表题为"联通引领发展,伙伴聚焦合作"的重要讲话,倡导深化互联互通伙伴关系和"一带一路"务实合作。(上图)

11月8日,国家主席习近平(右五)在北京钓鱼台国宾馆同出席加强互联互通伙伴关系对话会的有关国家领导人和国际组织负责人集体合影。(下图)

On 8 November, President Xi Jinping chaired the Dialogue on Strengthening Connectivity Partnership at the Diaoyutai State Guesthouse, Beijing, and delivered an important speech entitled "Connectivity Spearheads Development and Partnership Enables Cooperation", advocating efforts to deepen connectivity partnership and practical cooperation on the Silk Road Economic Belt and the 21st Century Maritime Silk Road initiative. (Upper picture)

On 8 November, President Xi Jinping (fifth from right) took a group photo with national leaders and heads of international organizations attending the Dialogue on Strengthening Connectivity Partnership at the Diaoyutai State Guesthouse, Beijing. (Lower picture)

Le 8 novembre, à la Résidence des Hôtes d'État Diaoyutai, à Beijing, le Président Xi Jinping préside le Dialogue sur le renforcement du partenariat de connectivité et y prononce un discours important intitulé « La connectivité favorise le développement et le partenariat renforce la coopération dans lequel » il préconise l'approfondissement du partenariat de connectivité et de la coopération pragmatique dans le cadre du projet « une Ceinture économique de la Route de la Soie et une Route de la Soie maritime du 21ᵉ siècle ». (Photo en haut)

Le 8 novembre, à la Résidence des Hôtes d'État Diaoyutai, à Beijing, le Président Xi Jinping (5ᵉ à droite) ensemble avec les dirigeants des pays et les responsables des organisations internationales participant au Dialogue sur le renforcement du partenariat de connectivité pour une photo de famille. (Photo en bas)

2014年亚太经合组织会议

第二部分　主场外交　精彩纷呈
Part 2　Highlights of Home Diplomacy
Partie 2　Diplomatie à domicile aux multiples temps forts

11月11日，国家主席习近平在APEC第二十二次领导人非正式会议记者会上表示，在APEC成员共同努力下，会议取得了丰硕成果，APEC成员决心共建面向未来的亚太伙伴关系，启动亚太自由贸易区进程并批准相关路线图，批准《亚太经合组织互联互通蓝图》，一致同意打造开放型亚太经济格局。

On 11 November, President Xi Jinping said at the press conference of the 22nd APEC Economic Leaders' Meeting that the meeting achieved fruitful results through the joint efforts of APEC members. APEC members decided to shape the future through Asia-Pacific partnership, launched the process of Free Trade Area of the Asia-Pacific and approved the relevant roadmap, and adopted the *APEC Blueprint on Connectivity*. All members agreed to build an open economy in the Asia-Pacific.

Le 11 novembre, lors de la conférence de presse à l'issue de la 22ᵉ Réunion des Dirigeants des Entités économiques de l'APEC, le Président Xi Jinping se félicite des fruits abondants obtenus par la réunion grâce aux efforts communs des membres de l'APEC. Il affirme que les membres de l'APEC ont décidé de construire ensemble un partenariat Asie-Pacifique tourné vers l'avenir, lancé le processus vers la zone de libre-échange de l'Asie-Pacifique en élaborant une feuille de route sur sa réalisation, adopté le *Plan de l'APEC sur la connectivité* et convenu de bâtir une économie ouverte en Asie-Pacifique.

10月21日，国务院总理李克强（前左七）在北京人民大会堂集体会见出席APEC第二十一届财长会的各经济体代表团团长。

On 21 October, Premier Li Keqiang of the State Council (seventh from left in the front) met with heads of delegations of all the economies attending the 21st APEC Finance Ministers' Meeting at the Great Hall of the People, Beijing.

Le 21 octobre, Le Premier Ministre du Conseil des Affaires d'État Li Keqiang (1er plan, 7e à gauche) rencontre, au Grand Palais du Peuple, à Beijing, les chefs de délégation des entités économiques participant à la 21e réunion des ministres des Finances de l'APEC.

2014年亚太经合组织会议

第二部分 主场外交 精彩纷呈
Part 2　Highlights of Home Diplomacy
Partie 2　Diplomatie à domicile aux multiples temps forts

9月5日，国务院副总理马凯（中）在江苏南京出席APEC第二十一届中小企业部长会。

On 5 September, Vice Premier Ma Kai of the State Council (center) attended the 21st APEC Small and Medium Enterprise Ministerial Meeting in Nanjing, Jiangsu Province.

Le 5 septembre, à Nanjing, dans la province du Jiangsu, le Vice-Premier Ministre du Conseil des Affaires d'État Ma Kai (au milieu) assiste à la 21ᵉ réunion ministérielle sur les PME de l'APEC.

8月20日，APEC筹委会主任、国务委员杨洁篪（左四）在北京出席2014年APEC第三次高官会开幕式。

On 20 August, Chairman of the APEC Organizing Committee and State Councilor Yang Jiechi (fourth from left) attended the opening ceremony of the third APEC 2014 Senior Officials' Meeting in Beijing.

Le 20 août, le président du Comité d'organisation de l'APEC Chine 2014 et Conseiller d'État Yang Jiechi (4ᵉ à gauche) participe, à Beijing, à la cérémonie d'ouverture de la 3ᵉ réunion des hauts fonctionnaires de l'APEC 2014.

2014年亚太经合组织会议

1 6月27日，国务委员王勇（中）在北京出席APEC第五届矿业部长会议开幕式并致辞。

2 11月7日，APEC第二十六届部长级会议在北京召开，通过了《北京反腐败宣言》，成立APEC反腐执法合作网络，旨在推动亚太各国加大追逃追赃等合作，携手打击跨国（境）腐败行为。

3 11月5日，2014年APEC高官会主席、外交部副部长李保东（中）在北京国家会议中心主持2014年APEC最后一次高官会。

On 27 June, State Councilor Wang Yong (center) attended and addressed the opening ceremony of the fifth Meeting of APEC Ministers Responsible for Mining in Beijing.

On 7 November, the 26th APEC Ministerial Meeting was held in Beijing. The meeting adopted the *Beijing Declaration on Fighting Corruption* and established the APEC Network of Anti-Corruption Authorities and Law Enforcement Agencies to strengthen cooperation among Asia-Pacific countries in such areas as fugitive repatriation, asset recovery and the fight against cross-border corruption.

On 5 November, Chair of APEC 2014 Senior Officials' Meeting and Vice Foreign Minister Li Baodong (center) chaired APEC 2014 the Concluding Senior Officials' Meeting at the China National Convention Center, Beijing.

Le 27 juin, le Conseiller d'État Wang Yong (au milieu) participe, à Beijing, à la cérémonie d'ouverture de la 5ᵉ réunion des ministres des Mines de l'APEC et y prononce une allocution.

Le 7 novembre, la 26ᵉ Conférence ministérielle de l'APEC se tient à Beijing. Elle adopte la *Déclaration de Beijing sur la lutte contre la corruption* et met sur pied un réseau de coopération entre les autorités anti-corruption et les services d'application de la loi au sein de l'APEC, en vue de renforcer la coopération entre les pays de l'Asie-Pacifique sur le rapatriement des éléments corrompus et la restitution de leurs biens mal acquis et de combattre ensemble la corruption transfrontalière.

Le 5 novembre, le Président de la réunion des hauts fonctionnaires de l'APEC 2014 et Vice-Ministre des Affaires étrangères Li Baodong (au milieu) préside, au Centre national des Congrès, à Beijing, la dernière réunion des hauts fonctionnaires de l'APEC 2014.

2014年亚太经合组织会议

第二部分 主场外交 精彩纷呈
Part 2 Highlights of Home Diplomacy
Partie 2 Diplomatie à domicile aux multiples temps forts

2014年APEC第二十二次领导人非正式会议决定启动亚太自由贸易区进程，批准了《亚太经合组织推动实现亚太自由贸易区路线图》，标志着亚太自由贸易区进程的正式启动。

2014年APEC第二十二次领导人非正式会议发表两份成果文件：《北京纲领：构建融合、创新、互联的亚太——亚太经合组织第二十二次领导人非正式会议宣言》和《共建面向未来的亚太伙伴关系——亚太经合组织成立二十五周年声明》。

The APEC 2014 Economic Leaders' Meeting decided to launch the process of the Asia-Pacific Free Trade Area and approved the *Roadmap for APEC's Contribution to the Realization of the Free Trade Area of the Asia Pacific*, signaling the official launch of the process.

The 22nd APEC Economic Leaders' Meeting adopted two outcome documents: *Beijing Agenda for an Integrated, Innovative and Interconnected Asia-Pacific — the 22nd APEC Economic Leaders' Declaration* and *Shaping the Future Through Asia-Pacific Partnership — Statement on the 25th Anniversary of APEC*.

La Réunion des Dirigeants des Entités économiques de l'APEC 2014 décide de lancer le processus vers la zone de libre-échange de l'Asie-Pacifique (FTAAP) et adopte la *Feuille de route pour la contribution de l'APEC à la réalisation de la FTAAP*, marquant ainsi le démarrage officiel du processus de la FTAAP.

Deux documents sont publiés à l'issue de la réunion : *Agenda de Beijing pour une Asie-Pacifique intégrée, innovante et interconnectée–Déclaration de la 22ᵉ Réunion des Dirigeants des Entités économiques de l'APEC* et *Construire l'avenir par le partenariat Asie-Pacifique–Déclaration à l'occasion du 25ᵉ anniversaire de l'APEC*.

11月10日，APEC领导人欢迎晚宴后的焰火表演

The firework display after the welcoming dinner for APEC leaders on 10 November

Le 10 novembre, le spectacle pyrotechnique après le dîner de bienvenue en l'honneur des dirigeants de l'APEC

第三部分 多边外交 同舟共济

二零一四年,中国高举和平、发展、合作、共赢的旗帜,大力引导多边合作,维护世界和平与安全。中国领导人在多边舞台上全面、深刻阐述中国立场主张,提出中国倡议、中国方案。中国积极参与联合国事务,倡导并推动以和平方式解决争端,在重大国际和地区热点问题上发挥建设性作用。中国与各国携手应对气候变化、恐怖主义等全球性挑战,第一时间向爆发埃博拉疫情的非洲国家伸出援手,为促进世界和平与发展切实发挥负责任大国作用。

Part 3
Multilateral Diplomacy for Greater Unity

In 2014, holding high the banner of peace, development and win-win cooperation, China energetically steered the direction of multilateral cooperation and upheld world peace and security. Chinese leaders expounded on China's positions in a comprehensive and in-depth manner and put forward China's initiatives and plans on multilateral occasions. Taking an active part in the affairs of the UN, China championed and advanced peaceful settlement of disputes and played a constructive role in major international and regional hot-spot issues. China worked with other countries to tackle global challenges such as the climate change and terrorism, offered timely assistance to African countries hit by the Ebola epidemic and took concrete measures befitting its role as a responsible major country to promote world peace and development.

Partie 3
Diplomatie multilatérale pour une solidarité renforcée

En 2014, la Chine a œuvré énergiquement pour orienter la coopération multilatérale et préserver la paix et la sécurité dans le monde en portant haut levé le drapeau de la paix, du développement et de la coopération gagnant-gagnant. Dans les enceintes multilatérales, les dirigeants chinois ont présenté de manière globale et approfondie les positions et propositions chinoises et avancé les initiatives et solutions chinoises. La Chine a participé activement aux affaires onusiennes, plaidé et travaillé pour le règlement pacifique des conflits, et joué un rôle constructif dans les grands dossiers d'actualité internationale et régionale. Elle a travaillé avec les autres pays pour relever ensemble les défis planétaires tels que les changements climatiques et le terrorisme et s'est mobilisée dès les premières heures pour aider les pays africains touchés par l'épidémie d'Ebola, jouant réellement son rôle en tant que grand pays responsable en faveur de la paix et du développement dans le monde.

3月25日，国家主席习近平（前左四）在荷兰海牙同出席第三届核安全峰会的各国领导人集体合影。

On 25 March, President Xi Jinping (fourth from left in the front) took a group photo with leaders of other countries attending the third Nuclear Security Summit held in The Hague, the Netherlands.

Le 25 mars, à La Haye, aux Pays-Bas, le Président Xi Jinping (1er plan, 4e à gauche) pose pour une photo de famille avec les autres dirigeants participant au 3e Sommet sur la sécurité nucléaire.

重大多边外交活动

第三部分　多边外交　同舟共济
Part 3　Multilateral Diplomacy for Greater Unity
Partie 3　Diplomatie multilatérale pour une solidarité renforcée

7月15日，国家主席习近平（右二）在巴西福塔莱萨同出席金砖国家领导人第六次会晤的各国领导人集体合影。金砖国家领导人决定，成立金砖国家开发银行，总部设在中国上海，建立金砖国家应急储备安排。

On 15 July, President Xi Jinping (second from right) took a group photo with other BRICS leaders attending the sixth BRICS Leaders Meeting held in Fortaleza, Brazil. The BRICS leaders decided to establish the BRICS Development Bank headquartered in Shanghai, China and set up the Contingency Reserve Arrangement.

Le 15 juillet, à Fortaleza, au Brésil, le Président Xi Jinping (2ᵉ à droite) pose pour une photo de famille avec les autres dirigeants participant au 6ᵉ Sommet du BRICS. Les dirigeants des pays du BRICS décident de créer dans le cadre du BRICS une banque de développement basée à Shanghai et un fonds de réserve d'urgence.

9月12日，国家主席习近平（左三）在塔吉克斯坦杜尚别同出席上海合作组织成员国元首理事会第十四次会议的各国领导人集体合影。

On 12 September, President Xi Jinping (third from left) took a group photo with leaders of other countries attending the 14th Meeting of the Council of Heads of Member States of the Shanghai Cooperation Organization (SCO) held in Dushanbe, Tajikistan.

Le 12 septembre, à Douchanbé, au Tadjikistan, le Président Xi Jinping (3ᵉ à gauche) pose pour une photo de famille avec les autres dirigeants participant à la 14ᵉ Réunion du Conseil des chefs d'État des pays membres de l'Organisation de Coopération de Shanghai.

重大多边外交活动

第三部分 多边外交 同舟共济

Part 3　Multilateral Diplomacy for Greater Unity

Partie 3　Diplomatie multilatérale pour une solidarité renforcée

11月15日，国家主席习近平（前）在二十国集团领导人第九次峰会上发表题为"推动创新发展，实现联动增长"的重要讲话。峰会发表《二十国集团领导人布里斯班峰会公报》和《二十国集团领导人应对埃博拉疫情布里斯班声明》。（上图）

11月15日，国家主席习近平（前右五）在澳大利亚布里斯班同出席二十国集团领导人第九次峰会的各国领导人集体合影。（下图）

On 15 November, President Xi Jinping (front) delivered an important speech entitled "Promoting Innovative Development and Achieving Interconnected Growth" at the ninth Leaders' Summit of the G20. The summit adopted the *G20 Leaders' Communiqué of the Brisbane Summit* and the *G20 Leaders' Brisbane Statement on Ebola*. (Upper picture)

On 15 November, President Xi Jinping (fifth from right in the front) took a group photo with leaders of other countries attending the ninth Leaders' Summit of the G20 held in Brisbane, Australia. (Lower picture)

Le 15 novembre, le Président Xi Jinping (1er plan) prononce au 9e Sommet du G20 un discours important intitulé « Promouvoir un développement innovant et réaliser une croissance interconnectée ». Le Sommet publie le *Communiqué des dirigeants du G20 au Sommet de Brisbane* et la *Déclaration de Brisbane des dirigeants du G20 sur Ebola*. (Photo en haut)

Le 15 novembre, à Brisbane, en Australie, le Président Xi Jinping (1er plan, 5e à droite) pose pour une photo de famille avec les autres dirigeants participant au 9e Sommet du G20. (Photo en bas)

10月16日，国务院总理李克强（前左四）在意大利米兰同出席第十届亚欧首脑会议的各国领导人集体合影。

On 16 October, Premier Li Keqiang of the State Council (fourth from left in the front) took a group photo with leaders of other countries attending the 10th ASEM Summit held in Milan, Italy.

Le 16 octobre, à Milan, en Italie, le Premier Ministre du Conseil des Affaires d'État Li Keqiang (1er plan, 4e à gauche) en photo de famille avec les autres dirigeants participant au 10e Sommet de l'ASEM.

第三部分　多边外交　同舟共济
Part 3　Multilateral Diplomacy for Greater Unity
Partie 3　Diplomatie multilatérale pour une solidarité renforcée

重大多边外交活动

11月13日，国务院总理李克强（左九）在缅甸内比都同出席第九届东亚峰会的各国领导人集体合影。

On 13 November, Premier Li Keqiang of the State Council (ninth from left) took a group photo with leaders of other countries attending the ninth East Asia Summit held in Nay Pyi Taw, Myanmar.

Le 13 novembre, à Nay Pyi Taw, au Myanmar, le Premier Ministre du Conseil des Affaires d'État Li Keqiang (9ᵉ à gauche) en photo de famille avec les autres dirigeants participant au 9ᵉ Sommet de l'Asie de l'Est.

重大多边外交活动

　　11月13日，国务院总理李克强（左五）在缅甸内比都同出席第十七次中国—东盟（10+1）领导人会议的各国领导人集体合影。（上图）

　　11月13日，国务院总理李克强（右六）在缅甸内比都同出席第十七次东盟与中日韩（10+3）领导人会议的各国领导人集体合影。（下图）

On 13 November, Premier Li Keqiang of the State Council (fifth from left) took a group photo with leaders of other countries attending the 17th ASEAN-China Summit held in Nay Pyi Taw, Myanmar. (Upper picture)

On 13 November, Premier Li Keqiang of the State Council (sixth from right) took a group photo with leaders of other countries attending the 17th ASEAN Plus Three Summit held in Nay Pyi Taw, Myanmar. (Lower picture)

Le 13 novembre, à Nay Pyi Taw, au Myanmar, le Premier Ministre du Conseil des Affaires d'État Li Keqiang (5ᵉ à gauche) en photo de famille avec les autres dirigeants participant au 17ᵉ Sommet Chine-ASEAN (10+1). (Photo en haut)

Le 13 novembre, à Nay Pyi Taw, au Myanmar, le Premier Ministre du Conseil des Affaires d'État Li Keqiang (6ᵉ à droite) en photo de famille avec les autres dirigeants participant au 17ᵉ Sommet ASEAN-Chine-Japon-République de Corée (10+3). (Photo en bas)

| 重大多边外交活动 | 第三部分 多边外交 同舟共济
Part 3　Multilateral Diplomacy for Greater Unity
Partie 3　Diplomatie multilatérale pour une solidarité renforcée |

12月15日，国务院总理李克强（前左三）在哈萨克斯坦阿斯塔纳同出席上海合作组织成员国政府首脑理事会第十三次会议的各国领导人和各代表团团长集体合影。

On 15 December, Premier Li Keqiang of the State Council (third from left in the front) took a group photo with state leaders and heads of delegations who attended the 13th meeting of the Council of Heads of Government of the Shanghai Cooperation Organization in Astana, Kazakhstan.

Le 15 décembre, à Astana, au Kazakhstan, le Premier Ministre du Conseil des Affaires d'État Li Keqiang (1er plan, 3e à gauche) pose pour une photo de famille avec les autres dirigeants d'État et chefs de délégation présents à la 13e Réunion du Conseil des chefs de gouvernement des pays membres de l'Organisation de Coopération de Shanghai.

12月16日,国务院总理李克强(左四)在塞尔维亚贝尔格莱德出席第三次中国—中东欧国家领导人会晤。

On 16 December, Premier Li Keqiang of the State Council (fourth from left) attended the third Meeting of Heads of Government of China and Central and Eastern European Countries held in Belgrade, Serbia.

Le 16 décembre, à Belgrade, en Serbie, le Premier Ministre du Conseil des Affaires d'État Li Keqiang (4ᵉ à gauche) à la 3ᵉ Réunion des chefs de gouvernement de la Chine et des pays d'Europe orientale et centrale.

联合国事务

第三部分　多边外交　同舟共济
Part 3　Multilateral Diplomacy for Greater Unity
Partie 3　Diplomatie multilatérale pour une solidarité renforcée

3月27日，国家主席习近平访问联合国教科文组织总部并发表演讲。

On 27 March, President Xi Jinping visited the headquarters of the United Nations Educational, Scientific, and Cultural Organization (UNESCO) and delivered a speech.

Le 27 mars, le Président Xi Jinping visite le siège de l'UNESCO et y prononce un discours.

10月15日，国务院总理李克强（左）在意大利罗马会见联合国粮农组织总干事何塞·格拉齐亚诺·达席尔瓦。

On 15 October, Premier Li Keqiang of the State Council (left) met with José Graziano da Silva, Director-General of the UN Food and Agriculture Organization (FAO), in Rome, Italy.

Le 15 octobre, le Premier Ministre du Conseil des Affaires d'État Li Keqiang (à gauche) rencontre, à Rome, en Italie, le Directeur général de la FAO José Graziano da Silva.

联合国事务

第三部分　多边外交　同舟共济
Part 3　Multilateral Diplomacy for Greater Unity
Partie 3　Diplomatie multilatérale pour une solidarité renforcée

9月27日，外交部长王毅在美国纽约出席第六十九届联合国大会一般性辩论并发言。

On 27 September, Foreign Minister Wang Yi made a statement at the General Debate of the 69th Session of the United Nations General Assembly.

Le 27 septembre, à New York, aux États-Unis, le Ministre des Affaires étrangères Wang Yi participe au débat général de la 69ᵉ session de l'Assemblée générale des Nations Unies et y prononce une allocution.

9月24日，外交部长王毅（前中）在美国纽约出席联合国安理会反恐峰会，并在会议通过第2178号决议时举手表决。

On 24 September, Foreign Minister Wang Yi (center in the front) attended the UN Security Council Summit on Terrorism, and voted in favor of UNSC Resolution 2178.

Le 24 septembre, le Ministre des Affaires étrangères Wang Yi (1er plan, au milieu) participe, à New York, aux États-Unis, à la réunion du Conseil de Sécurité des Nations Unies sur la lutte contre le terrorisme et vote pour la résolution 2178 qui est adoptée par le Conseil.

9月1日，国家主席习近平特使、外交部副部长张业遂在萨摩亚阿皮亚出席由联合国主办的第三届小岛屿发展中国家国际会议。

On 1 September, Zhang Yesui, Special Envoy of President Xi Jinping and Executive Vice Foreign Minister, attended the third International Conference on Small Island Developing States hosted by the UN in Apia, Samoa.

Le 1er septembre, l'Envoyé spécial du Président Xi Jinping et Vice-Ministre des Affaires étrangères Zhang Yesui participe, à Apia, à Samoa, à la 3e Conférence des Nations Unies sur les petits États insulaires en développement.

联合国事务

第三部分　多边外交　同舟共济
Part 3　Multilateral Diplomacy for Greater Unity
Partie 3　Diplomatie multilatérale pour une solidarité renforcée

5月8日，中国常驻联合国日内瓦办事处和瑞士其他国际组织代表吴海龙（前左二）在联合国经济、社会和文化权利委员会审议中国执行《经济、社会和文化权利国际公约》第二次报告的会议上发言。

On 8 May, Wu Hailong (second from left in the front), Permanent Representative of the Permanent Mission of the People's Republic of China to the United Nations Office at Geneva and other International Organizations in Switzerland, spoke at the conference of the UN Committee on Economic, Social and Cultural Rights' review of China's second Periodic Report on the *implementation of the International Covenant on Economic, Social and Cultural Rights.*

Le 8 mai, le Représentant permanent de la Chine auprès de l'Office des Nations Unies à Genève et des autres organisations internationales en Suisse Wu Hailong (1er plan, 2e à gauche) prend la parole lors de la session du Comité des droits économiques, sociaux et culturels des Nations Unies pour examiner le deuxième rapport périodique de la Chine sur l'application du *Pacte international relatif aux droits économiques, sociaux et culturels.*

10月23日，赵厚麟（左）在韩国釜山召开的国际电信联盟2014年全权代表大会上当选为国际电信联盟秘书长。这是中国人首次担任该联盟秘书长。

On 23 October, Zhao Houlin (left) was elected Secretary General of the International Telecommunication Union (ITU) during the 2014 ITU Plenipotentiary Conference held in Busan, South Korea, making him the first Chinese to hold this post.

Le 23 octobre, à Busan, en République de Corée, M. Zhao Houlin est élu Secrétaire général de l'Union internationale des télécommunications (UIT) lors de la Conférence de plénipotentiaires de 2014. Il est le premier Chinois à assumer ce poste.

7月29日,联合国驻黎巴嫩南部临时部队司令为中国第十二批赴黎巴嫩维和部队官兵授予联合国"和平荣誉勋章"。(上图)

12月22日,中国首支赴南苏丹维和步兵营在山东莱阳举行出征誓师大会。这是中国首次整建制派出步兵营参加联合国维和行动。(下图)

On 29 July, members of the 12th Chinese peacekeeping contingent to Lebanon were awarded the UN Peace Medal of Honor by the commander of the United Nations Interim Force in Lebanon. (Upper picture)

On 22 December, the oath-taking rally of the first Chinese peacekeeping infantry battalion to South Sudan was held in Laiyang, Shandong Province. It was the first time for China to send an entire infantry battalion to the UN peacekeeping operation. (Lower picture)

Le 29 juillet, le commandant de la Force intérimaire des Nations Unies au Liban (FINUL) décerne la Médaille des Nations Unies du maintien de la paix aux soldats du 12ᵉ contingent de Casques bleus de la Chine au Liban. (Photo en haut)

Le 22 décembre, une cérémonie solennelle se tient à Laiyang, dans la province du Shandong, avant le départ du premier bataillon d'infanterie chinois de maintien de la paix pour le Soudan du Sud. C'est le premier bataillon d'infanterie complet qu'envoie la Chine aux opérations de maintien de la paix des Nations Unies. (Photo en bas)

区域性合作

第三部分　多边外交　同舟共济
Part 3　Multilateral Diplomacy for Greater Unity
Partie 3　Diplomatie multilatérale pour une solidarité renforcée

6月28日，国家主席习近平在北京人民大会堂出席和平共处五项原则发表六十周年纪念大会并发表主旨讲话。

On 28 June, President Xi Jinping attended the Conference Marking the 60th Anniversary of the Five Principles of Peaceful Coexistence and delivered a keynote speech.

Le 28 juin, le Président Xi Jinping participe, à Beijing, à la Conférence commémorative du 60ᵉ anniversaire de la publication des Cinq Principes de la Coexistence pacifique et y prononce un discours.

7月17日，国家主席习近平（前左四）在巴西巴西利亚同出席中国—拉美和加勒比国家领导人会晤的各国领导人集体合影。

On 17 July, President Xi Jinping (fourth from left in the front) took a group photo with leaders of other countries attending the China-Latin American and Caribbean Countries Leaders' Meeting held in Brasilia, Brazil.

Le 17 juillet, à Brasilia, au Brésil, le Président Xi Jinping (1er plan, 4e à gauche) pose pour une photo de famille avec les autres dirigeants participant au Sommet Chine-Amérique latine et Caraïbes.

区域性合作

第三部分　多边外交　同舟共济
Part 3　Multilateral Diplomacy for Greater Unity
Partie 3　Diplomatie multilatérale pour une solidarité renforcée

9月11日，国家主席习近平（左四）在塔吉克斯坦杜尚别与俄罗斯总统普京、蒙古国总统查黑亚·额勒贝格道尔吉举行中俄蒙元首会晤。

On 11 September, President Xi Jinping (fourth from left) attended the China-Russia-Mongolia Leaders' Meeting with Russian President Vladimir Putin and Mongolian President Tsakhiagiin Elbegdorj in Dushanbe, Tajikistan.

Le 11 septembre, à Douchanbé, au Tadjikistan, le Président Xi Jinping (4ᵉ à gauche), le Président russe Vladimir Vladimirovitch Poutine et le Président mongol Tsakhiagiyn Elbegdorj participent au Sommet Chine-Russie-Mongolie.

11月22日，国家主席习近平（左五）在斐济楠迪同建交太平洋岛国领导人举行集体会晤。

On 22 November, President Xi Jinping (fifth from left) met with leaders of the Pacific Island countries with diplomatic ties with China in Nadi, Fiji.

Le 22 novembre, à Nadi, aux Fidji, le Président Xi Jinping (5ᵉ à gauche) rencontre les dirigeants des pays insulaires du Pacifique ayant des relations diplomatiques avec la Chine.

区域性合作

第三部分　多边外交　同舟共济
Part 3　Multilateral Diplomacy for Greater Unity
Partie 3　Diplomatie multilatérale pour une solidarité renforcée

5月5日，国务院总理李克强在非洲联盟总部发表题为"开创中非合作更加美好的未来"的演讲。

On 5 May, Premier Li Keqiang of the State Council delivered a speech entitled "Bring About a Better Future for China-Africa Cooperation" at the headquarters of the African Union.

Le 5 mai, le Premier Ministre du Conseil des Affaires d'Etat Li Keqiang prononce un discours intitulé « Créer un meilleur avenir pour la coopération sino-africaine » au siège de l'Union africaine.

12月20日，国务院总理李克强（右三）在泰国曼谷同出席大湄公河次区域经济合作第五次领导人会议的各国领导人合影。

On 20 December, Premier Li Keqiang of the State Council (third from right) took a group photo with leaders of other countries attending the Fifth Greater Mekong Subregion Economic Cooperation (GMS) Summit held in Bangkok, Thailand.

Le 20 décembre, à Bangkok, en Thaïlande, le Premier Ministre du Conseil des Affaires d'État Li Keqiang (3ᵉ à droite) ensemble avec les autres dirigeants participant au 5ᵉ Sommet sur la coopération économique de la sous-région du Grand Mékong (GMS).

第三部分　多边外交　同舟共济
Part 3　Multilateral Diplomacy for Greater Unity
Partie 3　Diplomatie multilatérale pour une solidarité renforcée

区域性合作

6月29日，国家副主席李源潮（左三）在北京钓鱼台国宾馆与缅甸总统登盛（左二）、印度副总统安萨里（左四）共同参观和平共处五项原则发表六十周年纪念图片展。

On 29 June, Vice President Li Yuanchao (third from left) attended the photo exhibition marking the 60th anniversary of the Five Principles of Peaceful Coexistence with President Thein Sein (second from left) of Myanmar and Vice President Mohammad Hamid Ansari (fourth from left) of India at Diaoyutai State Guesthouse in Beijing.

Le 29 juin, à la Résidence des Hôtes d'État Diaoyutai, à Beijing, le Vice-Président Li Yuanchao (3ᵉ à gauche), le Président du Myanmar U Thein Sein (2ᵉ à gauche) et le Vice-Président indien Mohammad Hamid Ansari (4ᵉ à gauche) visitent une exposition de photos en commémoration du 60ᵉ anniversaire de la publication des Cinq Principes de la Coexistence pacifique.

7月17日，国务委员兼国务院秘书长杨晶（前左四）在北京会见中东欧国家高级别官员代表团。

On 17 June, Yang Jing (fourth from left in the front), State Councilor and Secretary General of the State Council, met in Beijing with members of the delegation of senior officials from the Central and Eastern European countries.

Le 17 juillet, le Conseiller d'État et Secrétaire général du Conseil des Affaires d'État Yang Jing (1ᵉʳ plan, 4ᵉ à gauche) rencontre, à Beijing, de hauts fonctionnaires des pays d'Europe centrale et orientale.

5月23日，国务委员杨洁篪（中）在北京出席非洲驻华使团举行的庆祝"非洲日"招待会。

On 23 May, State Councilor Yang Jiechi (center) attended the reception held by the African Mission in China to celebrate the "Africa Day".

Le 23 mai, à Beijing, le Conseiller d'État Yang Jiechi (au milieu) à la réception offerte par le corps diplomatique africain à l'occasion de la Journée de l'Afrique.

6月9日，外交部副部长刘振民（前右三）在缅甸仰光同出席东盟地区论坛高官会的各方高官集体合影。

On 9 June, Vice Foreign Minister Liu Zhenmin (third from right in the front) took a group photo with senior officials from other countries attending the Senior Officials Meeting of the ASEAN Regional Forum held in Yangon, Myanmar.

Le 9 juin, à Yangon, au Myanmar, le Vice-Ministre des Affaires étrangères Liu Zhenmin (1er plan, 3e à droite) pose pour une photo de famille avec les autres participants à la Réunion des hauts fonctionnaires du Forum régional de l'ASEAN.

区域性合作	第三部分 多边外交 同舟共济
	Part 3 Multilateral Diplomacy for Greater Unity
	Partie 3 Diplomatie multilatérale pour une solidarité renforcée

7月15日，外交部部长助理郑泽光（前左五）在北京会见由瓦努阿图瓦库党主席、前总理纳塔佩率领的第四批太平洋岛国政治家联合考察团。

On 15 July, Assistant Foreign Minister Zheng Zeguang (fifth from left in the front) met in Beijing with members of the fourth joint inspection delegation of political leaders from the Pacific Island countries headed by Edward Natapei, President of the Vanua'aku Pati and former Prime Minister of Vanuatu.

Le 15 juillet, le Ministre assistant des Affaires étrangères Zheng Zeguang (1er plan, 5e à gauche) rencontre, à Beijing, les membres de la 4e mission d'études conjointe d'hommes politiques de pays insulaires du Pacifique dirigée par M. Edward Natapei, Président du Vanua'aku Pati et ancien Premier Ministre du Vanuatu.

8月1日，中国—太平洋岛国论坛对话会特使杜起文（前左）在帕劳共和国科罗尔出席第二十六届太平洋岛国论坛会后对话会。

On 1 August, Special Envoy for the China-Pacific Islands Forum Dialogue Du Qiwen (front left) attended the 26th Post Forum Dialogue of the Pacific Islands Forum (PIF) held in Koror, Palau.

Le 1er août, M. Du Qiwen (1er plan, à gauche), Envoyé spécial chinois pour le Dialogue Chine-Forum des îles du Pacifique, participe, à Koror, en République des Palaos, au 26e Dialogue Post-Forum.

推动解决国际地区热点问题

2月6日,国家主席习近平(左)在俄罗斯索契和俄罗斯总统普京共同与正在参加叙利亚化学武器海运多边联合护航的中俄军舰舰长视频通话。

On 6 February, President Xi Jinping (left) and President Vladimir Putin of Russia had video calls in Sochi, Russia with Chinese and Russian commanders on a multilateral escort mission for the shipping of Syrian chemical weapons.

Le 6 février, à Sotchi, en Russie, le Président Xi Jinping (à gauche) et le Président russe Vladimir Poutine tiennent une vidéoconférence avec les capitaines des navires chinois et russe participant à la mission d'escorte conjointe du transfert des armes chimiques syriennes.

推动解决国际地区热点问题

第三部分 多边外交 同舟共济
Part 3　Multilateral Diplomacy for Greater Unity
Partie 3　Diplomatie multilatérale pour une solidarité renforcée

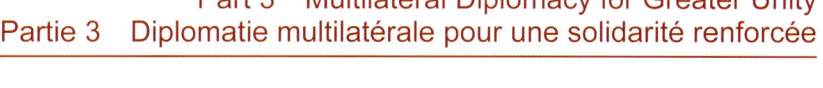

10月31日，国务院总理李克强（左一）在北京钓鱼台国宾馆出席阿富汗问题伊斯坦布尔进程第四次外长会开幕式并致辞。

On 31 October, Premier Li Keqiang of the State Council (first from left) attended the opening ceremony of the fourth Ministerial Conference of the Istanbul Process on Afghanistan in Beijing and delivered a speech.

Le 31 octobre, le Premier Ministre du Conseil des Affaires d'État Li Keqiang (1er à gauche) participe, à Beijing, à la cérémonie d'ouverture de la 4e Réunion des ministres des Affaires étrangères du Processus d'Istanbul sur l'Afghanistan et y prononce une allocution.

推动解决国际地区热点问题

8月3日，外交部长王毅（左）在埃及开罗与埃及外长萨米哈·舒克里举行会谈后会见记者。王毅外长提出中方解决以巴冲突五点和平倡议。（上图）

11月24日，外交部长王毅（左二）在奥地利维也纳出席伊朗核问题六国与伊朗外长会。（下图）

On 3 August, Foreign Minister Wang Yi (left) held a press conference after meeting with Egyptian Foreign Minister Sameh Shoukry in Cairo, Egypt. Wang Yi put forward China's five-point peace proposal on resolving the conflict between Israel and Palestine. (Upper picture)

On 24 November, Foreign Minister Wang Yi (second from left) attended the Meeting of Foreign Ministers of P5+1 and Iran on the Iranian Nuclear Issue in Vienna, Austria. (Lower picture)

Le 3 août, au Caire, en Égypte, le Ministre des Affaires étrangères Wang Yi (à gauche) et le Ministre égyptien des Affaires étrangères Sameh Shoukry rencontrent la presse après leur entretien. Le Ministre Wang Yi avance à cette occasion une proposition en cinq points sur le règlement des conflits israélo-palestiniens. (Photo en haut)

Le 24 novembre, à Vienne, en Autriche, le Ministre des Affaires étrangères Wang Yi (2e à gauche) participe à la Réunion des ministres des Affaires étrangères des Six et de l'Iran sur la question nucléaire iranienne. (Photo en bas)

第三部分　多边外交　同舟共济
Part 3　Multilateral Diplomacy for Greater Unity
Partie 3　Diplomatie multilatérale pour une solidarité renforcée

推动解决国际地区热点问题

3月15日，中国常驻联合国代表刘结一（前中）在联合国安理会就关于乌克兰问题的决议草案进行表决后发言，就政治解决乌克兰危机提出三点建议。

On 15 March, China's Permanent Representative to the UN Liu Jieyi (center in the front) spoke after the voting of the UNSC on the draft resolution on Ukraine and raised a three-point proposal on the political settlement of the Ukraine crisis.

Le 15 mars, le Représentant permanent de la Chine auprès des Nations Unies Liu Jieyi(1er plan, au milieu) prend la parole au Conseil de Sécurité des Nations Unies après le vote d'un projet de résolution sur la question ukrainienne, en avançant une proposition en trois points sur le règlement politique de la question ukrainienne.

4月1日，南苏丹总统基尔在南苏丹朱巴会见中国政府非洲事务特别代表钟建华（左二）与中国驻南苏丹大使马强（左一）。

On 1 April, President Salva Kiir of South Sudan met with China's Special Representative on African Affairs Zhong Jianhua (second from left) and Chinese Ambassador to South Sudan Ma Qiang (first from left) in Juba, South Sudan.

Le 1er avril, le Président sud-soudanais Salva Kiir Mayardit reçoit, à Djouba, au Soudan du Sud, le Représentant spécial du gouvernement chinois pour les affaires africaines Zhong Jianhua (2e à gauche) et l'Ambassadeur de Chine au Soudan du Sud Ma Qiang (1er à gauche).

5月15日,外交部亚洲事务特使王英凡(左三)在缅甸内比都会见缅甸国防军副总司令兼陆军司令梭温(中)。

On 15 May, Special Envoy for Asian Affairs of the Foreign Ministry of China Wang Yingfan (third from left) met with Deputy Commander-in-chief of the Myanmar Defense Services and Commander of the Myanmar Army Soe Win (middle) in Nay Pyi Taw, Myanmar.

Le 15 mai, l'Envoyé spécial du Ministère chinois des Affaires étrangères pour les affaires asiatiques Wang Yingfan (3ᵉ à gauche) rencontre, à Nay Pyi Taw, au Myanmar, le Commandant en chef adjoint de la Tatmadaw et Commandant de l'Armée de Terre du Myanmar Soe Win (au milieu).

8月13日,外交部阿富汗事务特使孙玉玺(左)在纽约会见联合国副秘书长费尔特曼。双方就阿富汗当前形势、阿和平和解进程和联合国在阿问题上的作用等问题交换了意见。

On 13 August, Special Envoy of the Chinese Foreign Ministry on Afghan Affairs Sun Yuxi (left) met with UN Under Secretary General Jeffrey D. Feltman in New York. They exchanged views on the current Afghan situation, the peaceful reconciliation process in Afghanistan and the role of the UN on the issue of Afghanistan.

Le 13 août, l'Envoyé spécial du Ministère chinois des Affaires étrangères pour les affaires afghanes Sun Yuxi (à gauche) rencontre, à New York, le Secrétaire général adjoint des Nations Unies Jeffrey Feltman et échange des points de vue avec lui sur la situation actuelle en Afghanistan, le processus de paix et de réconciliation dans le pays et le rôle de l'ONU sur la question afghane.

推动解决国际地区热点问题

第三部分 多边外交 同舟共济
Part 3 Multilateral Diplomacy for Greater Unity
Partie 3 Diplomatie multilatérale pour une solidarité renforcée

11月17日，中国政府中东问题特使宫小生（左）在沙特阿拉伯利雅得会见沙特外交副大臣阿卜杜勒阿齐兹，就中东地区热点问题深入交换看法。

On 17 November, China's Special Envoy on the Middle East Issue Gong Xiaosheng (left) met with Deputy Foreign Minister of Saudi Arabia Prince Abdulaziz in Riyadh, Saudi Arabia. They had an in-depth exchange of views on hotspot issues in the Middle East.

Le 17 novembre, l'Envoyé spécial du gouvernement chinois pour le Moyen-Orient Gong Xiaosheng (à gauche) rencontre, à Riyad, en Arabie saoudite, le Vice-Ministre saoudien des Affaires étrangères, Son Altesse Royale le Prince Abdulaziz bin Abdullah bin Abdulaziz et échange des points de vue avec lui sur les dossiers d'actualité au Moyen-Orient.

12月11日，中国政府朝鲜半岛事务特别代表武大伟（左四）在北京与美国国务院对朝政策特别代表金圣镕（右三）举行会谈。双方就朝鲜半岛局势和六方会谈问题交换了意见。

On 11 December, China' Special Representative for Korean Peninsula Affairs Wu Dawei (fourth from left) had talks with Special Representative of the US Department of State for North Korean Policy Sung Kim (third from right) in Beijing. The two sides exchanged views on the situation on the Peninsula and the Six-Party Talks.

Le 11 décembre, le Représentant spécial du gouvernement chinois pour les affaires de la Péninsule coréenne Wu Dawei (4e à gauche) s'entretient, à Beijing, avec le Représentant spécial du Département d'État américain pour la politique concernant la RPDC Sung Kim (3e à droite) et les deux parties échangent des points de vue sur la situation dans la Péninsule coréenne et les pourparlers à six.

9月14日，中国海军第十八批护航编队在亚丁湾东部举行反海盗演练。

On 14 September, the 18th escort task force of the Chinese PLA Navy conducted an anti-piracy drill in the eastern part of the Gulf of Aden.

Le 14 septembre, la 18ᵉ flottille d'escorte de la Marine chinoise en exercices anti-pirates dans l'est du Golfe d'Aden.

10月12日，中国驻索马里大使馆举行复馆仪式。

On 12 October, the re-opening ceremony of the Chinese Embassy in Somalia was held.

Le 12 octobre, se tient la cérémonie de réouverture de l'Ambassade de Chine en Somalie.

应对埃博拉疫情

第三部分　多边外交　同舟共济
Part 3　Multilateral Diplomacy for Greater Unity
Partie 3　Diplomatie multilatérale pour une solidarité renforcée

8月16日，国家主席习近平（右三）在江苏南京会见联合国秘书长潘基文（左三）时表示，国际社会非常关注埃博拉疫情。中方在第一时间向有关国家提供了紧急医疗物资援助，并派出专家组提供协助。中方愿同国际社会一道，为早日有效防控这场突发疫情继续努力。

年初，部分西非国家爆发埃博拉疫情。中国政府在4月、8月、9月、10月分四轮提供了7.5亿元人民币人道主义援助。

On 16 August, President Xi Jinping (third from right) met with UN Secretary General Ban Ki-Moon (third from left) in Nanjing, Jiangsu Province. President Xi said the international community was highly concerned about the Ebola epidemic. The Chinese side had promptly provided emergency medical materials to relevant countries and had sent expert groups to offer assistance. The Chinese side would continue to make joint efforts with the international community to effectively control the epidemic at an early date.

Early in 2014, the Ebola epidemic broke out in some West African countries. The Chinese government provided four tranches of humanitarian assistance in April, August, September and October, totaling RMB750 million.

Le 16 août, le Président Xi Jinping (3ᵉ à droite) rencontre, à Nanjing, dans la province du Jiangsu, le Secrétaire général des Nations Unies Ban Ki-moon (3ᵉ à gauche). Il rappelle que la communauté internationale suit de très près l'évolution de l'épidémie d'Ebola, et que la Chine a fourni dans les premières heures des assistances sanitaires et matérielles d'urgence aux pays touchés et y a envoyé des experts pour leur venir en aide, tout en affirmant la volonté de la Chine de continuer à travailler ensemble avec la communauté internationale pour contribuer à juguler au plus tôt cette épidémie.

Début 2014, l'épidémie d'Ebola a éclaté dans des pays de l'Afrique de l'Ouest. Le gouvernement chinois a fourni en avril, en août, en septembre et en octobre quatre lots d'aides humanitaires d'une valeur totale de 750 millions de yuans RMB aux pays touchés.

11月14日，国务院副总理刘延东（前右）在首都机场为即将赴西非疫区参与抗击埃博拉疫情的新一批217人组成的援非抗疫队送行。

On 14 November, Vice Premier Liu Yandong of the State Council (front left) saw off the 217-strong Chinese team on their way to the affected areas in West Africa to combat the Ebola epidemic.

Le 14 novembre, la Vice-Premier Ministre du Conseil des Affaires d'État Liu Yandong (1er plan, à droite) salue, à l'Aéroport international de la Capitale, les 217 membres de la nouvelle équipe anti-Ebola à leur départ pour l'Afrique de l'Ouest.

9月25日，外交部长王毅在美国纽约出席联合国埃博拉疫情防控高级别会议并发言。

On 25 September, Foreign Minister Wang Yi attended and addressed the UN High-Level Meeting on Response to Ebola Virus Disease Outbreak in New York, USA.

Le 25 septembre, le Ministre des Affaires étrangères Wang Yi participe, à New York, aux États-Unis, à la Réunion de haut niveau de l'ONU sur la réponse à l'épidémie d'Ebola et y prend la parole.

应对埃博拉疫情

第三部分 多边外交 同舟共济
Part 3　Multilateral Diplomacy for Greater Unity
Partie 3　Diplomatie multilatérale pour une solidarité renforcée

12月2日，中国政府向联合国应对埃博拉疫情多方信托基金捐款600万美元，用于支持联合国应对埃博拉疫情特派团的行动。（上图）

8月11日，中国驻塞拉利昂大使赵彦博（左三）向塞拉利昂转交中方援助的抗击埃博拉物资。（下图）

On 2 December, the Chinese government pledged US$6 million to the UN Ebola Response Multi-Partner Trust Fund to support the work of the UN Mission for Ebola Emergency Response (UNMEER). (Upper picture)

On 11 August, Chinese Ambassador to Sierra Leone Zhao Yanbo (third from left) delivered Chinese assistance to Sierra Leone to combat Ebola. (Lower picture)

Le 2 décembre, le gouvernement chinois fait un don de 6 millions de dollars américains au Fonds d'affectation spécial multipartenaires de l'ONU de lutte contre Ebola afin de soutenir les actions de la Mission des Nations Unies pour la lutte contre Ebola (UNMEER). (Photo en haut)

Le 11 août, l'Ambassadeur de Chine en Sierra Leone Zhao Yanbo (3ᵉ à gauche) remet aux autorités sierra-léonaises les matériels de lutte contre Ebola fournis par la Chine. (Photo en bas)

应对埃博拉疫情

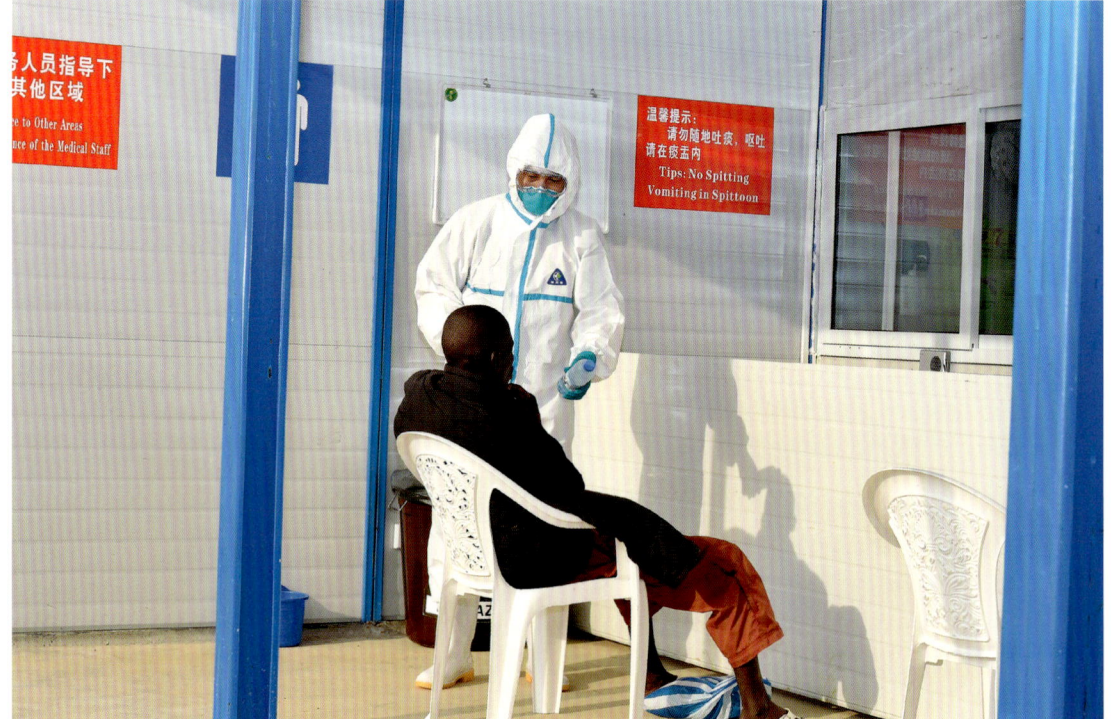

　　11月25日，中国政府援建的利比里亚埃博拉诊疗中心在利比里亚蒙罗维亚正式交付使用。图为利比里亚总统约翰逊·瑟利夫（左二）在启用仪式上讲话。（上图）

　　12月6日，中国人民解放军援利比里亚医疗队的医生在利比里亚蒙罗维亚照顾患者。（下图）

On 25 November, the Ebola Treatment Center built by China was put into operation in Monrovia, Liberia. President Ellen Johnson Sirleaf of Liberia (second from left) spoke at the inaugural ceremony. (Upper picture)

On 6 December, a doctor from the Chinese PLA medical team to Liberia took care of a patient in Monrovia, Liberia. (Lower picture)

Le 25 novembre, à Monrovia, au Libéria, le centre de traitement d'Ebola offert par le gouvernement chinois est officiellement mis en service. Sur la photo, la Présidente libérienne Ellen Johnson-Sirleaf (2ᵉ à gauche) prononce une allocution à la cérémonie d'inauguration dudit centre. (Photo en haut)

Le 6 décembre, à Monrovia, au Libéria, un médecin de l'équipe médicale de l'Armée populaire de Libération de Chine au Libéria prend soin d'un malade. (Photo en bas)

第三部分 多边外交 同舟共济
Part 3 Multilateral Diplomacy for Greater Unity
Partie 3 Diplomatie multilatérale pour une solidarité renforcée

应对全球性问题

9月23日，国家主席习近平特使、国务院副总理张高丽在美国纽约出席联合国气候峰会并发表讲话，全面阐述中国积极应对气候变化的立场和举措。

On 23 September, Special Envoy of President Xi Jinping and Vice Premier Zhang Gaoli of the State Council attended and addressed the UN Climate Summit, elaborating on China's position and actions to actively address climate change.

Le 23 septembre, l'Envoyé spécial du Président Xi Jinping et Vice-Premier Ministre du Conseil des Affaires d'État Zhang Gaoli participe, à New York, aux États-Unis, au Sommet des Nations Unies sur le climat et y prononce une allocution pour présenter de manière globale les positions chinoises et les mesures prises par la Chine pour lutter activement contre les changements climatiques.

11月12日，中美两国发表气候变化联合声明，共同宣布2020年后各自应对气候变化的行动目标。

On 12 November, China and the US issued a joint announcement on climate change, defining their respective post-2020 actions to tackle climate change.

Le 12 novembre, la Chine et les États-Unis annoncent, par une déclaration conjointe sur les changements climatiques, leurs objectifs respectifs dans la lutte contre le changement climatique post-2020.

11月13日《人民日报》第二版

The second page of the *People's Daily* on 13 November, 2014

Page deux du *Quotidien du Peuple* du 13 novembre 2014

美国白宫网站

Website of the White House

Site de la Maison Blanche

11月19日，国务院副总理马凯在浙江乌镇出席首届世界互联网大会开幕式，宣读习近平主席的贺词并致辞。

On 19 November, Vice Premier Ma Kai of the State Council attended the opening ceremony of the first World Internet Conference in Wuzhen, Zhejiang Province. He read out the congratulatory message from President Xi Jinping and delivered a speech.

Le 19 novembre, à Wuzhen, dans la province du Zhejiang, le Vice-Premier Ministre du Conseil des Affaires d'État Ma Kai participe à la cérémonie d'ouverture de la première Conférence mondiale sur Internet, y donne lecture du message de félicitations du Président Xi Jinping et prononce une allocution.

6月5日，外交部与联合国共同举办的信息和网络安全问题国际研讨会在北京开幕。

On 5 June, the International Workshop on Information and Cyber Security co-organized by the Chinese Foreign Ministry and the UN was convened in Beijing.

Le 5 juin, l'Atelier international sur l'information et la cybersécurité co-organisé par le Ministère chinois des Affaires étrangères et les Nations Unies s'ouvre à Beijing.

第四部分 合作共赢 共同发展

二零一四年，中国积极践行中国特色大国外交理念，努力推动建立以合作共赢为核心的新型国际关系。中国倡导共商、共建、共享等原则，着力推进『一带一路』建设，为欧亚大陆共同发展注入强劲动力。面对复杂的世界经济形势，中国积极呼应各方建立利益与命运共同体的诉求，深化同各国对话交流和务实合作，稳步发展对外援助事业，致力于实现中国与世界的共同繁荣。

Part 4
Win-win Cooperation for Common Development

In 2014, China actively put into practice a distinctive approach to diplomacy befitting its role as a major country, and promoted the establishment of a new type of international relations featuring win-win cooperation. China advanced the initiative to develop the Silk Road Economic Belt and the 21st Century Maritime Silk Road based on the principle of wide consultation, joint contribution and shared benefits, which injected strong impetus into the common development of the Eurasia continent. Facing the complex climate of the world economy, China actively echoed the call for building a community of common interests and shared destiny, enhanced dialogue, exchanges and result-oriented cooperation with other countries, steadily carried out the undertaking of providing foreign assistance so as to realize common prosperity of China and the rest of the world.

Partie 4
Coopération gagnant-gagnant pour un développement partagé

En 2014, la Chine a mis activement en œuvre l'idée de la diplomatie de grand pays aux caractéristiques chinoises et œuvré à favoriser l'instauration d'un nouveau modèle de relations internationales axé sur la coopération gagnant-gagnant. En préconisant le principe de la concertation, de la contribution et du partage, la Chine a déployé de grands efforts pour promouvoir la réalisation du projet « une Ceinture et une Route » et ainsi donner une impulsion vigoureuse au développement commun d'Eurasie. Face à la conjoncture économique mondiale complexe, la Chine a travaillé activement et en accord avec les aspirations des différentes parties à la mise en place d'une communauté d'intérêts et de destin pour approfondir le dialogue, les échanges et la coopération pragmatique avec les autres pays, promouvoir solidement l'aide à l'étranger et favoriser une prospérité commune du monde entier.

中国外交 2015 版
China's Foreign Affairs
Les affaires étrangères de la Chine

中国特色大国外交

11月28日至29日，中央外事工作会议在北京召开，国家主席习近平发表重要讲话。习近平主席指出，中国必须有自己特色的大国外交。我们要在总结实践经验的基础上，丰富和发展对外工作理念，使我国对外工作有鲜明的中国特色、中国风格、中国气派。要坚持中国共产党领导和中国特色社会主义，坚持独立自主的和平外交方针，坚持国际关系民主化，坚持合作共赢，坚持正确义利观，坚持不干涉别国内政原则。

The Central Conference on Work Relating to Foreign Affairs was held in Beijing on 28-29 November. President Xi Jinping delivered an important address at the conference. He stressed that China should develop a distinctive diplomatic approach befitting its role of a major country. We should, on the basis of summing up our past practice and experience, enrich and further develop principles guiding our diplomatic work, and conduct diplomacy with a salient Chinese feature and a Chinese vision. We should uphold the CPC's leadership and socialism with distinctive Chinese features. We should continue to follow the independent foreign policy of peace, promote greater democracy in international relations, uphold win-win cooperation, strike a right balance between upholding principles and pursuing shared benefits and stick to the principle of non-interference in other country's internal affairs.

Les 28 et 29 novembre, se tient à Beijing la Conférence centrale sur le travail relatif aux affaires étrangères. Le Président Xi Jinping y prononce un discours important et souligne la nécessité pour la Chine de développer une diplomatie ayant ses propres caractéristiques et à la hauteur de son rôle de grand pays, d'enrichir et de développer davantage et sur la base des pratiques et des expériences du passé les principes directeurs de l'action extérieure chinoise pour que celle-ci incarne bien les caractéristiques, le style et la largeur d'esprit de la Chine, et de demeurer attachée à la direction du PCC et au socialisme à la chinoise, à la politique étrangère d'indépendance et de paix, à la démocratisation des relations internationales, à la coopération gagnant-gagnant, à la juste conception de la justice et des intérêts, et au principe de non-ingérence dans les affaires intérieures des autres pays.

中国特色大国外交

第四部分 合作共赢 共同发展
Part 4　Win-win Cooperation for Common Development
Partie 4　Coopération gagnant-gagnant pour un développement partagé

5月15日，国家主席习近平在北京人民大会堂出席中国国际友好大会暨中国人民对外友好协会成立六十周年纪念活动并发表重要讲话。习近平主席表示，中国梦既是中国人民追求幸福的梦，也同世界人民的梦想息息相通。中国将在实现中国梦的过程中，同世界各国一道，推动各国人民更好实现自己的梦想。

On 15 May, President Xi Jinping attended and addressed the China International Friendship Conference in Commemoration of the 60th Anniversary of the Chinese People's Association of Friendship with Foreign Countries (CPAFFC). He said the Chinese Dream not only represents the Chinese people's pursuit of happiness, but also echoes the aspirations of the people all over the world. In pursuing the Chinese dream, China will go hand in hand with all other countries to help them realize their dreams.

Le 15 mai, le Président Xi Jinping assiste, au Grand Palais du Peuple, à Beijing, à la Conférence sur l'amitié internationale en commémoration du 60ᵉ anniversaire de la création de l'Association du peuple chinois pour l'amitié avec l'étranger, et y prononce un discours important dans lequel il est indiqué que le rêve chinois est non seulement l'aspiration du peuple chinois à une vie meilleure, mais aussi étroitement lié aux rêves des autres peuples et que la Chine, en quête de la réalisation de son propre rêve, travaillera ensemble avec les autres pays pour que les beaux rêves des différents peuples deviennent réalité.

8月22日，国家主席习近平在蒙古国国家大呼拉尔发表题为"守望相助，共创中蒙关系发展新时代"的重要演讲。习近平主席表示，中国愿意为包括蒙古国在内的周边国家提供共同发展的机遇和空间，欢迎大家搭乘中国发展的列车。

On 22 August, President Xi Jinping delivered an important speech entitled "Open up New Horizons for China-Mongolia Relations Through Mutual Assistance" at the State Great Khural of Mongolia. He said China would provide Mongolia and other neighboring countries with both opportunities and space for common development. All countries are welcome to get on board the express train of China's development.

Le 22 août, le Président Xi Jinping prononce, au Grand Khoural d'État de la Mongolie, un discours important intitulé « Restons solidaires et ouvrons ensemble une nouvelle ère des relations sino-mongoles ». Il affirme que la Chine entend fournir des opportunités de développement partagé à ses voisins dont la Mongolie de sorte qu'ils puissent bénéficier du développement chinois.

6月5日，中阿合作论坛第六届部长级会议在北京人民大会堂开幕。国家主席习近平出席开幕式并发表题为"弘扬丝路精神，深化中阿合作"的重要讲话。

On 5 June, the sixth Ministerial Conference of the China-Arab States Cooperation Forum was held at the Great Hall of the People in Beijing. President Xi Jinping attended the opening ceremony and delivered an important speech entitled "Uphold the Silk Road Spirit and Deepen China-Arab States Cooperation".

Le 5 juin, la 6ᵉ Conférence ministérielle du Forum sur la Coopération sino-arabe est ouverte au Grand Palais du Peuple à Beijing. Le Président Xi Jinping assiste à la cérémonie d'ouverture de la Conférence et y prononce un discours important intitulé « Faire rayonner l'esprit de la Route de la Soie et approfondir la coopération sino-arabe ».

第四部分 合作共赢 共同发展
Part 4　Win-win Cooperation for Common Development
Partie 4　Coopération gagnant-gagnant pour un développement partagé

一带一路

5月19日，国家主席习近平在上海与哈萨克斯坦总统纳扎尔巴耶夫（前左）共同出席中哈连云港物流场站项目远程投产仪式。

On 19 May, President Xi Jinping and President Nursultan Nazarbayev (left in the front) of Kazakhstan launched remotely the construction of the China-Kazakhstan logistics terminal project in Lianyungang City.

Le 19 mai, le Président Xi Jinping et le Président du Kazakhstan Noursoultan Nazarbaïev (1er plan à gauche) assistent ensemble à la cérémonie de mise en service du projet sino-kazakh du terminal logistique de Lianyungang.

9月17日，国家主席习近平（前右三）在斯里兰卡科伦坡考察由中国企业承建的科伦坡港南集装箱码头。

On 17 September, President Xi Jinping (third from right in the front) inspected the South Container Terminal of Colombo Port constructed by a Chinese enterprise.

Le 17 septembre, le Président Xi Jinping (1er plan, 3e à droite) visite, à Colombo, à Sri Lanka, le quai à conteneurs construit par une entreprise chinoise dans la zone sud du port de Colombo.

China's Foreign Affairs / Les affaires étrangères de la Chine

一带一路

"俄方积极响应中方建设丝绸之路经济带和海上丝绸之路的倡议，愿将俄方跨欧亚铁路与'一带一路'对接，创造出更大效益。"
——俄罗斯总统普京

"Russia will actively respond to China's initiative to build the Silk Road Economic Belt and the 21st Century Maritime Silk Road and is ready to align Russia's plan of building the Trans-Eurasia Railway with China's initiative for greater benefit."
— President Vladimir Putin of Russia

« La Russie répond activement à l'initiative chinoise sur la Ceinture économique de la Route de la Soie et la Route de la Soie maritime du 21ᵉ siècle et propose de les connecter au pont ferroviaire eurasiatique pour maximiser les bénéfices. »
— Président de la Russie Vladimir Poutine

"吉方愿意积极参与丝绸之路经济带建设，促进两国经贸往来、基础设施互联互通和人文交流。"
——吉尔吉斯斯坦总统阿坦姆巴耶夫

"Kyrgyzstan will take an active part in the development of the Silk Road Economic Belt and promote the economic and trade cooperation, infrastructure connectivity and people-to-people exchanges between the two countries."
— President Almazbek Atambayev of Kyrgyzstan

« Le Kirghizistan est prêt à prendre une part active à la construction de la Ceinture économique de la Route de la Soie pour promouvoir les échanges commerciaux, l'interconnexion des infrastructures et les échanges humains entre les deux pays. »
— Président du Kirghizistan Almazbek Atambayev

"构建丝绸之路经济带应该被视为加强东西方文化、政治联系的好机会。"
——意大利总理伦齐

"The development of the Silk Road Economic Belt should be viewed as a good opportunity to strengthen the cultural and political bond between the West and the East."
— Prime Minister Matteo Renzi of Italy

« La construction de la Ceinture économique de la Route de la Soie doit être considérée comme une bonne opportunité pour renforcer les liens culturels et politiques entre l'Orient et l'Occident. »
— Président du Conseil italien Matteo Renzi

"东盟和中国相互依赖，彼此是好邻居、好朋友。双方要密切合作，共同致力于实现亚洲的和平、稳定、繁荣。马方愿积极参与建设21世纪海上丝绸之路和亚洲基础设施投资银行。"
——马来西亚总理纳吉布

"ASEAN and China are interdependent. We are good neighbors and friends. We should engage in close cooperation and uphold peace, stability and prosperity in Asia. Malaysia is ready to take an active part in the development of the 21st Century Maritime Silk Road and the Asian Infrastructure Investment Bank."
— Prime Minister Najib Razak of Malaysia

« Les pays de l'ASEAN et la Chine sont interdépendants. Ils sont de bons voisins et de bons amis appelés à intensifier la coopération et à œuvrer ensemble à la paix, à la stabilité et à la prospérité en Asie. La Malaisie entend participer activement à la construction de la Route de la Soie maritime du 21ᵉ siècle et de la Banque asiatique d'investissement pour les infrastructures. »
— Premier Ministre de la Malaisie Najib Razak

"科方愿意继续扩大和深化两国合作，积极参与建设丝绸之路经济带和21世纪海上丝绸之路，提升双边贸易和双向投资水平，推进金融、基础设施建设、物流等领域合作。"
——科威特首相贾比尔

"Kuwait is ready to expand and deepen cooperation between the two countries, take an active part in the development of the Silk Road Economic Belt and the 21st Century Maritime Silk Road, increase two-way trade and investment and advance cooperation in such fields as finance, infrastructure building and logistics."
— Prime Minister Jaber Mubarak Al-Hamad Al-Sabah of Kuwait

« Le Koweït entend continuer à élargir et à approfondir la coopération avec la Chine, participer activement à la construction de la Ceinture économique de la Route de la Soie et de la Route de la Soie maritime du 21ᵉ siècle, rehausser le commerce et les investissements bilatéraux, et faire avancer la coopération dans les domaines de la finance, des infrastructures et de la logistique. »
— Premier Ministre du Koweït Jaber Mubarak Al-Hamad Al-Sabah

"巴方希望积极参与'一带一路'建设，加强两国电力、公路、港口等基础设施建设领域合作。"
——巴基斯坦总理谢里夫

"Pakistan hopes to actively participate in the development of the Belt and Road Initiative and strengthen our cooperation in power, highway, port and other infrastructure projects."
— Prime Minister Nawaz Sharif of Pakistan

« Le Pakistan souhaite participer activement à la construction de la Ceinture économique de la Route de la Soie et de la Route de la Soie maritime du 21ᵉ siècle pour renforcer la coopération dans le domaine des infrastructures électriques, routières et portuaires. »
— Premier Ministre du Pakistan Nawaz Sharif

一带一路

第四部分 合作共赢 共同发展
Part 4　Win-win Cooperation for Common Development
Partie 4　Coopération gagnant-gagnant pour un développement partagé

11月8日，国务院总理李克强在北京与巴基斯坦总理纳瓦兹·谢里夫（左）共同见证中巴经济走廊远景规划纲要以及经济、技术、能源、金融、工业园、信息通信等合作文件的签署。

On 8 November, Premier Li Keqiang of the State Council and Prime Minister Nawaz Sharif (left) of Pakistan witnessed in Beijing the signing of the *Long-term Plan on China-Pakistan Economic Corridor Program* and other cooperation documents in the fields of economy, technology, energy, finance, industrial park and telecommunications.

Le 8 novembre, le Premier Ministre du Conseil des Affaires d'État Li Keqiang et le Premier Ministre pakistanais Nawaz Sharif (à gauche) assistent ensemble, à Beijing, à la signature du Programme du Corridor économique sino-pakistanais et d'autres documents de coopération dans les domaines de l'économie, des technologies, de l'énergie, de la finance, du parc industriel et des TIC.

一带一路

5月31日，国务院总理李克强在北京人民大会堂与马来西亚总理纳吉布（右）共同出席中国—马来西亚建交40周年庆祝大会。（上图）

12月19日，国务院总理李克强（左三）在泰国曼谷与泰国总理巴育·詹欧差（右三）共同见证《中华人民共和国政府和泰王国政府关于在2015至2022年交通运输基础设施发展战略框架下开展铁路基础设施发展合作的谅解备忘录》和《中华人民共和国政府和泰王国政府关于农产品贸易合作的谅解备忘录》的签署。（下图）

On 31 May, Premier Li Keqiang of the State Council and Prime Minister Dato' Sri Mohammad Najib of Malaysia (right) attended the celebration of the 40th anniversary of diplomatic relations between China and Malaysia at the Great Hall of the People in Beijing. (Upper picture)

On 19 December, Premier Li Keqiang of the State Council (third from left) and Prime Minister Prayuth Chanocha (third from right) of Thailand witnessed in Bangkok, Thailand the signing of the *Memorandum of Understanding between the government of the People's Republic of China and the government of the Kingdom of Thailand on Cooperation on the Thailand's Railways Infrastructure Development under the Strategic Framework for Development of Thailand's Transportation Infrastructure 2015—2022* and the *Memorandum of Understanding between the government of the People's Republic of China and the government of the Kingdom of Thailand on Cooperation on Agricultural Products Trade*. (Lower picture)

Le 31 mai, le Premier Ministre du Conseil des Affaires d'État Li Keqiang et le Premier Ministre malaisien Dato' Sri Mohd Najib bin Tun Haji Abdul Razak (à droite) assistent ensemble à la conférence célébrant le 40ᵉ anniversaire de l'établissement de relations diplomatiques entre la Chine et la Malaisie au Grand Palais du Peuple, à Beijing. (Photo en haut)

Le 19 décembre, le Premier Ministre du Conseil des Affaires d'État Li Keqiang (3ᵉ à gauche) et le Premier Ministre thaïlandais Prayuth Chanocha (3ᵉ à droite) assistent ensemble, à Bangkok, en Thaïlande, à la signature du *Mémorandum d'entente entre le gouvernement de la République populaire de Chine et le gouvernement du Royaume de Thaïlande relatif à la coopération sur le développement des infrastructures ferroviaires en Thaïlande dans le cadre des stratégies du développement du transport en Thaïlande 2015—2022* et du *Mémorandum d'entente entre le gouvernement de la République populaire de Chine et le gouvernement du Royaume de Thaïlande relatif à la coopération sur le commerce des produits agricoles*. (Photo en bas)

一带一路

第四部分 合作共赢 共同发展
Part 4　Win-win Cooperation for Common Development
Partie 4　Coopération gagnant-gagnant pour un développement partagé

11月8日，加强互联互通伙伴关系对话会在北京举行。中国在会上宣布将出资400亿美元成立丝路基金。（上图）

10月24日，包括中国、印度、新加坡等在内的21个首批意向创始成员国的财长和授权代表在北京人民大会堂签署备忘录，共同决定成立亚洲基础设施投资银行。（下图）

On 8 November, the Dialogue on Strengthening Connectivity Partnership was held in Beijing. China pledged US$40 billion for the establishment of the Silk Road Fund. (Upper picture)

On 24 October, finance ministers and authorized representatives of 21 prospective founding members including China, India and Singapore signed the Memorandum of Understanding at the Great Hall of the People in Beijing to establish the Asian Infrastructure Investment Bank. (Lower picture)

Le 8 novembre, se tient à la Résidence des Hôtes d'État Diaoyutai, à Beijing, le Dialogue sur le renforcement du partenariat de connectivité. La Chine annonce à cette occasion la création du Fonds de la Route de la Soie et une contribution de 40 milliards de dollars américains au capital de ce Fonds. (Photo en haut)

Le 24 octobre, les ministres des Finances ou leurs représentants des 21 pays, dont la Chine, l'Inde et Singapour, désireux d'être membres fondateurs de la Banque asiatique d'investissement pour les infrastructures (AIIB), signent au Grand Palais du Peuple, à Beijing, un mémorandum d'entente s'y rapportant et décident ensemble d'établir l'AIIB. (Photo en bas)

4月10日,国务委员杨洁篪(左一)在海南博鳌出席博鳌亚洲论坛2014年年会"丝绸之路的复兴:对话亚洲领导人"分论坛并发表演讲。

On 10 April, State Councilor Yang Jiechi (first from left) attended and addressed the session of "Reviving the Silk Road: A Dialogue with Asian Leaders" of the Boao Forum for Asia Annual Conference 2014.

Le 10 avril, à Bo'ao, à Hainan, le Conseiller d'État Yang Jiechi (1er à gauche) s'adresse au sous-forum « Renouveau de la Route de la Soie : dialogue avec les leaders asiatiques » lors de la conférence annuelle 2014 du Forum de Bo'ao pour l'Asie.

第四部分 合作共赢 共同发展
Part 4　Win-win Cooperation for Common Development
Partie 4　Coopération gagnant-gagnant pour un développement partagé

5月18日，中国驻埃及大使宋爱国（前右一）实地考察中埃苏伊士经贸合作区巨石埃及公司玻璃纤维生产车间。

On 18 May, Chinese Ambassador to Egypt Song Aiguo (first from right in the front) inspected the glass fiber factory of Jushi Egypt Fiberglass Co., Ltd. in the China-Egypt Suez Economic and Trade Cooperation Zone.

Le 18 mai, l'Ambassadeur de Chine en Égypte Song Aiguo (1ᵉʳ plan, 1ᵉʳ à droite) visite un atelier de fabrication à Jushi Egypt Fiberglass Co., Ltd. dans la zone de coopération économique et commerciale sino-égyptienne à Suez.

11月18日，首趟"义新欧"国际货运班列整装待发。该班列从浙江义乌出发，途经哈萨克斯坦、俄罗斯、白俄罗斯、波兰、德国、法国，到达西班牙马德里，全长13000多公里，贯穿丝绸之路经济带。

On 18 November, the Yiwu-Xinjiang-Europe freight train was about to embark on its first journey. The train departs from Yiwu, Zhejiang Province, passing through Kazakhstan, Russia, Belarus, Poland, Germany and France to reach Madrid, Spain. The total length is over 13,000km, spanning the Silk Road Economic Belt.

Le 18 novembre, le premier train de fret de la ligne « Yiwu-Xinjiang-Europe » s'apprête à partir. Cette ligne ferroviaire relie Yiwu dans le Zhejiang à Madrid en Espagne, en passant par le Kazakhstan, la Russie, le Bélarus, la Pologne, l'Allemagne et la France. Longue de plus de 13 000 km, elle traverse toute la Ceinture économique de la Route de la Soie.

4月1日，国家主席习近平（左三）在比利时国王菲利普（前右三）陪同下参观沃尔沃汽车公司根特工厂。

On 1 April, President Xi Jinping (third from left) visited the Volvo Cars plant in Ghent in the company of King Philippe (third from right in the front) of Belgium.

Le 1er avril, le Président Xi Jinping (3e à gauche) visite l'usine de Volvo à Gand en compagnie du Roi des Belges Philippe (1er plan, 3e à droite).

经济交流与合作

第四部分 合作共赢 共同发展
Part 4　Win-win Cooperation for Common Development
Partie 4　Coopération gagnant-gagnant pour un développement partagé

5月21日，国家主席习近平（右二）和俄罗斯总统普京（左二）在上海共同见证中俄两国政府《中俄东线天然气合作项目备忘录》、中国石油天然气集团公司和俄罗斯天然气工业股份公司《中俄东线供气购销合同》的签署。

On 21 May, President Xi Jinping (second from right) and Russian President Putin (second from left) witnessed the signing of the *Memorandum of Understanding on the Project of China-Russia Gas Cooperation via the Eastern Route* between the two governments and the *Agreement on Gas Supply via the Eastern Route* between CNPC and Gazprom.

Le 21 mai, le Président Xi Jinping (2ᵉ à droite) et le Président russe Vladimir Poutine (2ᵉ à gauche) assistent ensemble, à Shanghai, à la signature du *Mémorandum relatif au projet de coopération intergouvernementale sino-russe sur le gazoduc est* et du *Contrat d'achat et de vente de gaz naturel via la route de l'est* entre CNPC et Gazprom.

China's Foreign Affairs
Les affaires étrangères de la Chine

经济交流与合作

7月4日，国家主席习近平在韩国首尔出席中韩经贸合作论坛并发表题为"携手合作，共创未来"的重要讲话。

On 4 July, President Xi Jinping attended the China-ROK Economic and Trade Cooperation Forum in Seoul and delivered an important speech entitled "Work Together to Create a Better Future".

Le 4 juillet, le Président Xi Jinping assiste, à Séoul, en République de Corée, au Forum Chine-République de Corée sur la coopération économique et commerciale et y prononce un discours important intitulé « Coopérons pour construire ensemble l'avenir ».

经济交流与合作

第四部分 合作共赢 共同发展
Part 4　Win-win Cooperation for Common Development
Partie 4　Coopération gagnant-gagnant pour un développement partagé

4月10日,国务院总理李克强在海南博鳌出席博鳌亚洲论坛2014年年会并发表题为"共同开创亚洲发展新未来"的主旨演讲。

On 10 April, Premier Li Keqiang of the State Council attended the Boao Forum for Asia Annual Conference 2014 in Boao, Hainan Province and made a keynote speech entitled "Jointly Open up New Vistas for Asia's Development".

Le 10 avril, le Premier Ministre du Conseil des Affaires d'État Li Keqiang assiste, à Bo'ao, à Hainan, à la conférence annuelle 2014 du Forum de Bo'ao pour l'Asie et y prononce un discours liminaire intitulé « Ouvrons ensemble de nouvelles perspectives pour le développement de l'Asie ».

163

经济交流与合作

5月5日，国务院总理李克强（左三）在埃塞俄比亚亚的斯亚贝巴与埃塞俄比亚总理海尔马里亚姆·德萨莱尼（左二）考察亚的斯亚贝巴轻轨项目。该项目是埃塞俄比亚第一条城市轻轨。

On 5 May, Premier Li Keqiang of the State Council (third from left), together with Prime Minister Hailemariam Desalegn of Ethiopia (second from left), visited the light railway project in Addis Ababa. The light railway project was the first urban light railway in Ethiopia.

Le 5 mai, le Premier Ministre du Conseil des Affaires d'État Li Keqiang (3ᵉ à gauche) et le Premier Ministre éthiopien Hailemariam Desalegn (2ᵉ à gauche) visitent le projet de train léger à Addis-Abeba, en Éthiopie. Il s'agit du premier train léger urbain en Éthiopie.

经济交流与合作

第四部分 合作共赢 共同发展
Part 4　Win-win Cooperation for Common Development
Partie 4　Coopération gagnant-gagnant pour un développement partagé

9月10日，国务院总理李克强在天津出席第八届夏季达沃斯论坛开幕式并发表题为"紧紧依靠改革创新，增强经济发展新动力"的致辞。

On 10 September, Premier Li Keqiang of the State Council attended the opening ceremony of the eighth Summer Davos Forum in Tianjin and delivered a speech entitled "Creating New Dynamism Through Reform and Innovation".

Le 10 septembre, le Premier Ministre du Conseil des Affaires d'État Li Keqiang assiste, à Tianjin, à la cérémonie d'ouverture du 8ᵉ Forum de Davos d'été et prononce un discours intitulé « Créons un nouveau dynamisme par la réforme et l'innovation ».

经济交流与合作

5月23日,国家副主席李源潮在俄罗斯圣彼得堡出席第十八届圣彼得堡国际经济论坛"上海合作组织—经济和实业协作空间"分论坛并发表致辞。(左图)

12月18日,国务院副总理汪洋(右三)在美国芝加哥与共同主持第二十五届中美商贸联委会的美国商务部长普里茨克(左三)、贸易代表弗罗曼(右二)合影。(右图)

On 23 May, Vice President Li Yuanchao attended the sub-forum "Shanghai Cooperation Organization — Space for Collaboration in Economy and Industry" of the 18th St. Petersburg International Economic Forum in St. Petersburg, Russia and made remarks at the sub-forum. (Left picture)

On 18 December, Vice Premier Wang Yang of the State Council (third from right) took a picture with Secretary of Commerce Pritzker (third from left) and Trade Representative Froman (second from right) who co-chaired with him the 25th session of the China-US Joint Commission on Commerce and Trade in Chicago. (Right picture)

Le 23 mai, le Vice-Président Li Yuanchao s'adresse au sous-forum « Organisation de Coopération de Shanghai – une plateforme d'interactions économiques et d'affaires » du 18e Forum économique international de Saint-Pétersbourg en Russie. (Photo à gauche)

Le 18 décembre, à Chicago, aux États-Unis, le Vice-Premier Ministre du Conseil des Affaires d'État Wang Yang (3e à droite) pose pour une photo de famille avec les coprésidents américains de la 25e session de la Commission conjointe sino-américaine sur le commerce : la Secrétaire américaine au Commerce Penny Pritzker (3e à gauche) et le Représentant américain au Commerce Michael Froman (2e à droite). (Photo à droite)

经济交流与合作

第四部分 合作共赢 共同发展
Part 4 Win-win Cooperation for Common Development
Partie 4 Coopération gagnant-gagnant pour un développement partagé

3月11日,外交部副部长、中国—中东欧国家合作秘书处秘书长王超(右三)在北京会见中匈塞交通基础设施合作联合工作组外方代表。

On 11 March, Wang Chao (third from right), Vice Foreign Minister and Secretary General of the Secretariat of Cooperation Between China and Central and Eastern European Countries, met with foreign representatives of the China-Hungary-Serbia joint working group on transport infrastructure cooperation in Beijing.

Le 11 mars, M. Wang Chao (3ᵉ à droite), Vice-Ministre des Affaires étrangères et Secrétaire général du Secrétariat de la coopération entre la Chine et les pays d'Europe centrale et orientale, rencontre, à Beijing, les représentants étrangers du groupe de travail conjoint sur la coopération Chine-Hongrie-Serbie dans le domaine des infrastructures du transport.

1月24日,中国、美国、欧盟等世界贸易组织14个成员的部长或代表在瑞士达沃斯召开新闻发布会,共同宣布启动世贸组织环境产品谈判进程。中国常驻世界贸易组织代表、特命全权大使俞建华(左三)与会并阐述中方原则立场。

On 24 January, ministers or representatives of 14 World Trade Organization (WTO) members, including China, the United States and the EU, gave a press conference in Davos, Switzerland, jointly announcing the launch of WTO negotiations on trade in environmental goods. Yu Jianhua (third from left), Chinese Permanent Representative to the WTO and Ambassador Extraordinary and Plenipotentiary, elaborated on the principled position of China during the press conference.

Le 24 janvier, les ministres ou représentants de 14 membres de l'OMC dont la Chine, les États-Unis et l'UE tiennent, à Davos, en Suisse, une conférence de presse pour annoncer ensemble le lancement du processus de négociations de l'OMC sur les biens environnementaux. L'Ambassadeur extraordinaire et plénipotentiaire Yu Jianhua (3ᵉ à gauche), Représentant permanent de la Chine auprès de l'OMC, y présente la position de principe de la Chine.

2月28日，外交部部长助理钱洪山（中）在北京出席第二届中国—南亚博览会暨第二十二届昆交会推介会并致辞。

On 28 February, Assistant Foreign Minister Qian Hongshan (center) addressed the promotion event of the second China-South Asia Expo and the 22nd Kunming Fair in Beijing.

Le 28 février, le Ministre assistant des Affaires étrangères Qian Hongshan (au milieu) s'adresse, à Beijing, à la conférence de promotion de la 2ᵉ Exposition Chine-Asie du Sud et 22ᵉ Foire d'import-export de Kunming.

7月10日，中国第一汽车集团在南非曼德拉湾举行南非库哈工厂落成及首辆机车下线仪式。该项目将给南非创造就业，提升南非在世界汽车制造行业中的地位。

On 10 July, the First Automotive Works held the opening ceremony of its Coega truck assembly plant in Nelson Mandela Bay, South Africa, during which the first truck produced in the plant rolled off the assembly line. The assembly plant project will create jobs in South Africa and enhance its position in world automotive manufacturing industry.

Le 10 juillet, se tient, à la baie Nelson Mandela, en Afrique du Sud, la cérémonie d'inauguration de l'usine du groupe chinois FAW à Coega et de sortie du premier véhicule. Ce projet générateur d'emplois profitera au renforcement de la place de l'Afrique du Sud dans le secteur automobile mondial.

经济交流与合作

第四部分 合作共赢 共同发展
Part 4　Win-win Cooperation for Common Development
Partie 4　Coopération gagnant-gagnant pour un développement partagé

11月10日，国家主席习近平在北京与韩国总统朴槿惠共同宣布，中韩自贸区结束实质性谈判。

On 10 November, President Xi Jinping and ROK President Park Geun-hye jointly announced in Beijing the conclusion of substantive negotiations on a free trade area (FTA) between China and the ROK.

Le 10 novembre, le Président Xi Jinping et la Présidente de la République de Corée Park Geun-hye annoncent, à Beijing, la fin des négociations substantielles sur un accord de libre-échange entre les deux pays.

11月17日，国家主席习近平在澳大利亚堪培拉与澳大利亚总理阿博特共同宣布，实质性结束中澳自由贸易协定谈判。

On 17 November, President Xi Jinping and Australian Prime Minister Abbott jointly announced in Canberra, Australia the substantial conclusion of China-Australia Free Trade Agreement negotiations.

Le 17 novembre, Le Président Xi Jinping et le Premier Ministre de l'Australie Tony Abbott annoncent, à Canberra, en Australie, la fin des négociations substantielles sur un accord de libre-échange Chine-Australie.

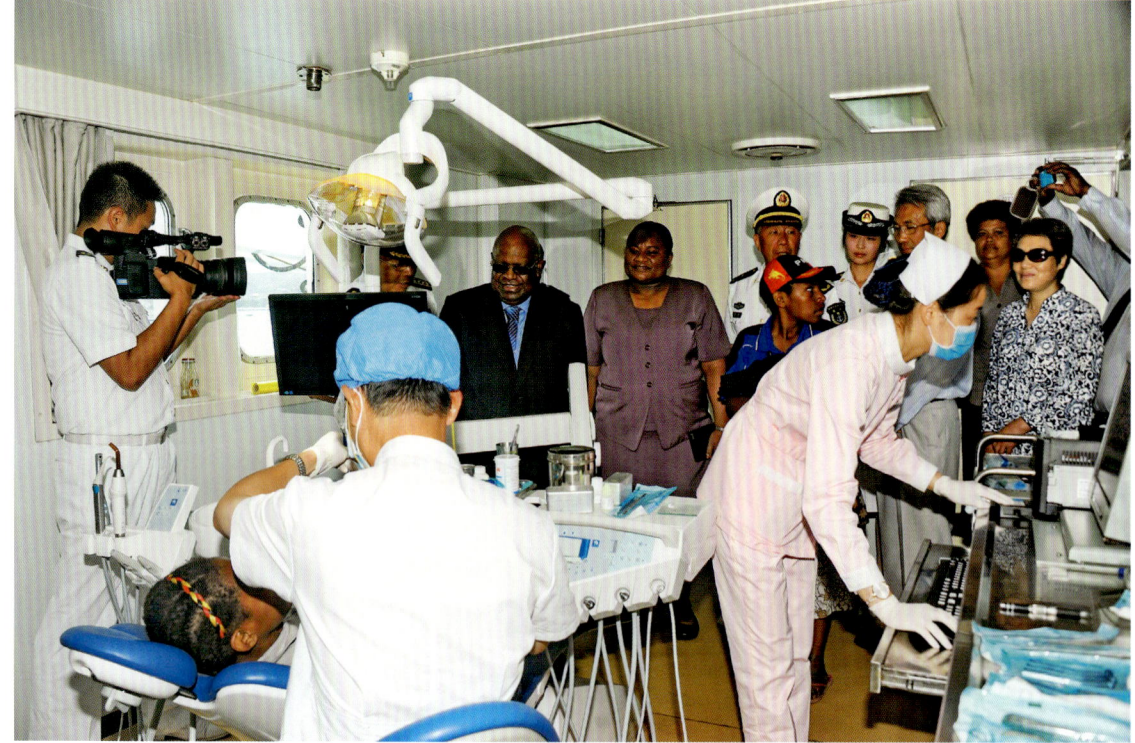

1月7日，中国驻乌干达大使赵亚力（后右三）出席中方援建的中国—乌干达友谊幼儿园剪彩仪式。（上图）

9月15日，巴布亚新几内亚总督迈克尔·奥吉奥（左三）夫妇现场观摩中国"和平方舟"医院船医生为巴布亚新几内亚民众治病。（下图）

On 7 January, Chinese Ambassador to Uganda Zhao Yali (third from right in the back) attended the inauguration ceremony of the China-Uganda Friendship Kindergarten which was built with Chinese assistance. (Upper picture)

On 15 September, Governor General of Papua New Guinea Michael Ogio (third from left) and Lady Esmie Ogio watched doctors on China's Peace Ark hospital ship treating local people. (Lower picture)

Le 7 janvier, l'Ambassadeur de Chine en Ouganda Zhao Yali (dernier plan, 3ᵉ à droite) assiste à la cérémonie de coupe du ruban de l'École maternelle de l'amitié sino-ougandaise construite par la Chine. (Photo en haut)

Le 15 septembre, le Gouverneur général de Papouasie-Nouvelle-Guinée Michael Ogio (3ᵉ à gauche) et son épouse assistent à une séance de traitement accordée à des patients locaux à bord du navire-hôpital chinois « Arche de la Paix ». (Photo en bas)

对外援助

第四部分 合作共赢 共同发展
Part 4　Win-win Cooperation for Common Development
Partie 4　Coopération gagnant-gagnant pour un développement partagé

12月4日，中国驻马尔代夫大使王福康（前左四）向马尔代夫应急工作组主席、国防部长纳兹姆（前左三）转交援助物资，缓解马尔代夫马累饮用水危机。（上图）

12月8日，经过50多个小时的全速航行，赴马尔代夫执行紧急供水任务的中国海军长兴岛船停靠马累港，实施供水作业。（下图）

On 4 December, Chinese Ambassador to the Maldives Wang Fukang (fourth from left in the front) handed over assistance supplies to Nazim (third from left in the front), Defense Minister and Head of the Emergency Task Force of the Maldives, to meet the urgent need for drinking water in Male. (Upper picture)

On 8 December, after more than 50 hours of sailing at full speed, Changxingdao, the Chinese naval ship on an emergency water supply mission to the Maldives arrived at the Male Port to deliver fresh water supplies. (Lower picture)

Le 4 décembre, l'Ambassadeur de Chine aux Maldives Wang Fukang (1er plan, 4e à gauche) remet au Président du groupe de travail d'urgence des Maldives et Ministre maldivien de la Défense et de la Sécurité nationale Mohamed Nazim (1er plan, 3e à gauche) un don de matériel en vue de l'apaisement de la crise de l'eau potable à Malé. (Photo en haut)

Le 8 décembre, le navire Changxingdao de la Marine chinoise, dans le cadre d'une mission d'urgence d'approvisionnement en eau aux Maldives, arrive au port de Malé après plus de 50 heures de navigation à toute vitesse et commence des opérations d'alimentation en eau. (Photo en bas)

对外援助

12月15日，中国驻莫桑比克大使李春华（前左一）和莫桑比克加扎省省长迪翁巴（前左二）出席中国援助莫桑比克打井项目竣工仪式。（上图）

12月17日，中国政府援建的圭亚那输变电站项目交付使用。（下图）

On 15 December, Chinese Ambassador to Mozambique Li Chunhua (first from left in the front) and Governor of Gaza province Diomba (second from left in the front) attended the completion ceremony of the China-assisted well-drilling project in Mozambique. (Upper picture)

On 17 December, the electricity transmission and transformation substation project in Guyana built with assistance from the Chinese government was put into service. (Lower picture)

Le 15 décembre, l'Ambassadeur de Chine au Mozambique Li Chunhua (1er plan, 1er à gauche) et le Gouverneur de la province de Gaza du Mozambique Raimundo Diomba (1er plan, 2e à gauche) assistent à la cérémonie d'achèvement du forage de puits réalisé par la Chine. (Photo en haut)

Le 17 décembre, la station de transmission et de transformation d'électricité au Guyana, financée et réalisée par le gouvernement chinois, entre en service. (Photo en bas)

第五部分 维护权益 外交为民

二零一四年，随着全面深化改革和『走出去』战略不断推进，中国同世界的相互交融不断加深，领事保护和服务的需求持续上升。一年来，中国外交迎难而上，开拓创新，积极践行『以人为本，外交为民』理念：以维护中国公民海外合法权益、服务企业海外发展为核心，着力打造海外民生工程；以推动签证便利化为重点，大力构建中外人员往来新秩序；以『电子领事』为平台，全力打造领事保护与服务『升级版』。中国公民出国留学、旅行更加方便快捷，中国企业『走出去』的步伐更加坚实有力。

Part 5
Protection of Rights and Interests, People-oriented Diplomacy in Action

In 2014, China became more interconnected with the rest of the world as it continues to comprehensively deepen reform and implement the "going global" strategy, leading to a greater demand for consular protection and services. Over the past year, bold and creative steps were taken in response to the challenges in China's diplomacy to provide people-oriented services, focusing on the protection of the lawful rights and interests of overseas Chinese citizens and facilitating the overseas development of Chinese enterprises. Visa facilitation was prioritized in the pursuit of a new order for personnel exchanges between China and other countries, and consular protection and services were upgraded by tapping into the "E-Consul" platform. These efforts enabled Chinese citizens to study and travel abroad more conveniently and helped Chinese enterprises to pursue overseas development with greater assurance.

Partie 5
Diplomatie au service du peuple pour la défense des droits et intérêts

En 2014, avec l'approfondissement global de la réforme et la mise en œuvre poussée de la stratégie du développement des entreprises à l'international, la Chine s'est intégrée de plus en plus dans le monde, d'où un accroissement de demandes en matière de protection et de services consulaires. Au cours de cette année, la diplomatie chinoise a fait preuve d'initiative et d'innovation pour être à la hauteur des défis et mis l'accent sur une diplomatie axée sur l'homme et au service du peuple. En faisant une de nos priorités de la protection des droits et intérêts légitimes des Chinois d'outre-mer et de l'appui au développement des entreprises chinoises à l'étranger, nous avons lancé des initiatives fortes en faveur des ressortissants et des établissements chinois à l'étranger. En accordant une importance particulière à la facilitation des procédures de visas, nous avons travaillé activement à l'instauration d'un nouvel ordre de la mobilité humaine entre la Chine et les pays étrangers. En construisant la plateforme de « E-Consul », nous nous sommes appliqués à la montée en gamme de la protection et des services consulaires. Aujourd'hui, l'étude et le voyage à l'étranger deviennent plus pratiques pour les Chinois et les entreprises chinoises sont plus confiantes dans leurs démarches de développement à l'international.

应对突发事件

3月8日，由马来西亚吉隆坡飞往北京的马来西亚航空MH370客机与地面失去联系，机上共搭乘239人，包括150多名中国乘客。得知消息后，国家主席习近平立即作出重要指示，要求外交部和中国有关驻外使领馆加强与所在国有关部门的联系，密切关注搜救进展情况，全力做好应急处置和中国公民善后工作。交通运输部、民航局等有关部门要立即启动应急机制，积极配合做好相关工作，并进一步加强民用航空领域的安全检查，确保民用航空运行绝对安全。

5月30日，国家主席习近平在北京钓鱼台国宾馆会见马来西亚总理纳吉布（左）时表示，希望马方抓紧协调有关国家，尽快制定完善常态化搜寻和善后方案，保持搜寻工作连续性，争取尽快找到飞机下落。

Le 8 mars, le vol MH370 de Malaysia Airlines reliant Kuala Lumpur et Beijing avec 239 passagers à bord, dont plus de 150 Chinois, a perdu tout contact avec le sol. Informé de la nouvelle, le Président Xi Jinping a donné immédiatement des instructions importantes et demandé au Ministère des Affaires étrangères et aux ambassades et consulats concernés de Chine de renforcer la communication avec les autorités compétentes des pays d'accréditation, de suivre attentivement les opérations de recherche et de sauvetage et de faire tout le possible pour gérer au mieux cette urgence et apporter de l'assistance aux ressortissants chinois concernés. Il a demandé au Ministère des Transports, à l'Administration générale de l'Aviation civile et aux autres services compétents de déclencher immédiatement le plan d'urgence, de concourir activement au travail concerné et de renforcer le contrôle de sécurité dans l'aviation civile pour en assurer une sécurité totale.

Le 30 mai, lors de sa rencontre à Beijing avec le Premier Ministre malaisien Najib Razak (à gauche), le Président Xi Jinping appelle la partie malaisienne à intensifier la coordination avec les pays concernés, à élaborer rapidement et perfectionner le plan de recherche prolongée et de gestion des conséquences, et à poursuivre de manière continue les opérations de recherche dans le but de retrouver rapidement l'avion disparu.

On 8 March, Malaysia Airlines Flight MH370, flying from Kuala Lumpur to Beijing with 239 people including more than 150 Chinese passengers on board, lost contact with ground control. Immediately after learning the news, President Xi Jinping made important instructions that the Ministry of Foreign Affairs and the embassies and consulates in relevant countries strengthen communication with competent authorities, closely follow progress in search and rescue, and appropriately handle emergency response efforts and matters concerning the Chinese citizens. President Xi also instructed the Ministry of Transport and the Civil Aviation Administration to promptly activate the emergency response mechanism, provide full support to the relevant work, and further strengthen safety check in civil aviation to ensure absolute safety of civil flight operations.

On 30 May, President Xi Jinping had a meeting with Malaysian Prime Minister Najib (left) in Beijing during which he expressed the hope that the Malaysian side would act swiftly to coordinate with the relevant countries to formulate and improve the plan on search on a regular basis and on the handling of the aftermath, ensure the continuity of search, and find out the whereabouts of the flight as early as possible.

应对突发事件

第五部分 维护权益 外交为民
Part 5 Protection of Rights and Interests, People-oriented Diplomacy in Action
Partie 5 Diplomatie au service du peuple pour la défense des droits et intérêts

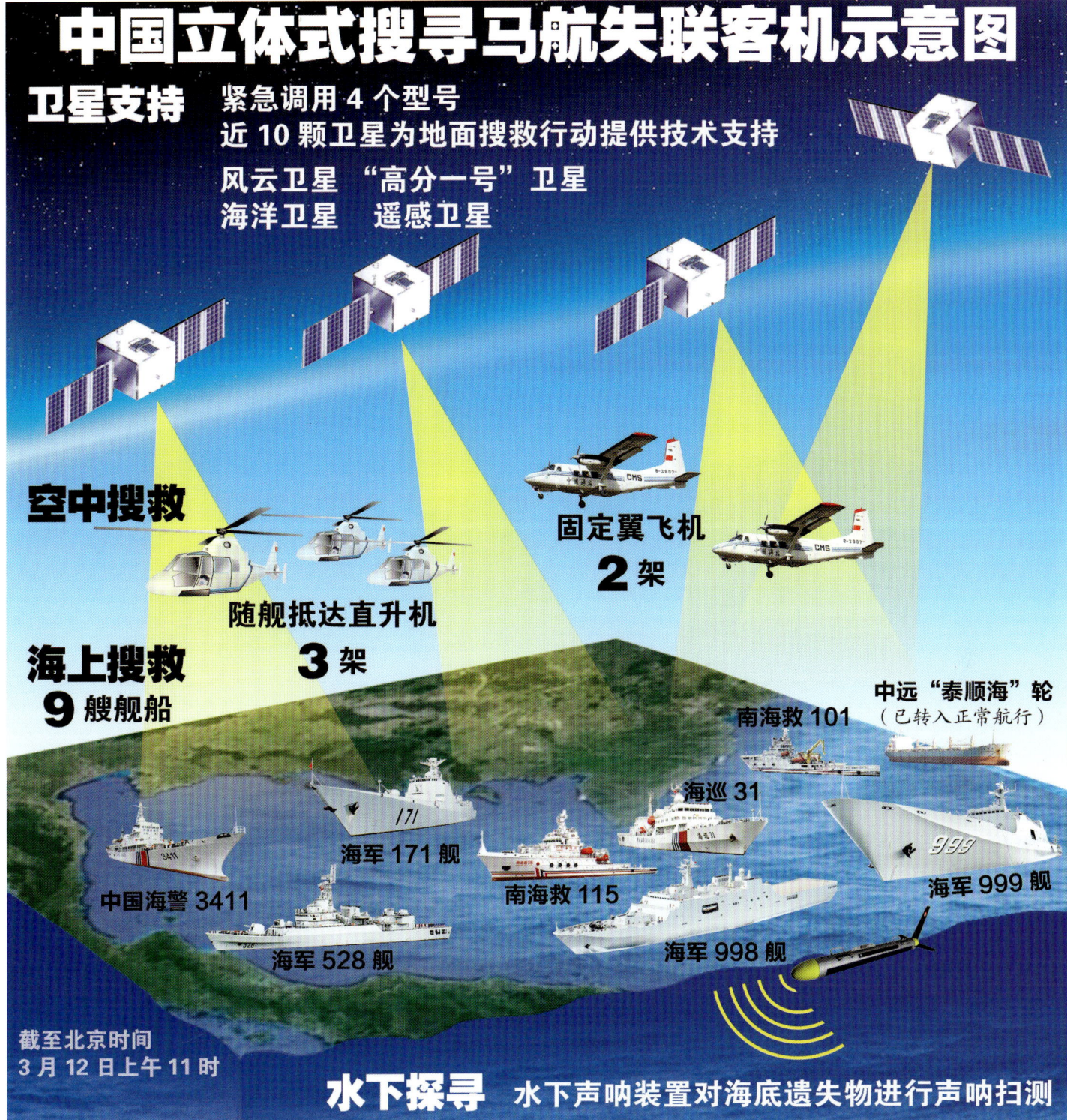

中国立体式搜寻马航失联客机示意图。

The picture shows China's search for the missing Malaysia Airlines plane from the air, at the sea and under the water.

Schéma des opérations de recherche multidimensionnelles lancées par la Chine après la disparition de l'avion de Malaysia Airlines.

应对突发事件

3月12日，国务院总理李克强在国务院应急指挥中心与前方中国搜救船长通话，了解马航MH370失联客机搜救最新进展情况，并要求各有关部门调集一切可能力量，加大搜救密度和力度，不放弃任何一线希望。

On 12 March, Premier Li Keqiang of the State Council had a phone call at the emergency command center of the State Council with the captain of a Chinese vessel participating in the search operation and received a briefing on the latest progress in the search for the missing flight MH370. He tasked all relevant departments to mobilize all possible resources to further intensify the search and rescue operations and not to give up any hope.

Le 12 mars, le Premier Ministre du Conseil des Affaires d'État Li Keqiang s'entretient au téléphone, au Centre de gestion des crises du Conseil des Affaires d'État, avec le capitaine d'un navire chinois engagé dans des opérations de recherche et de sauvetage pour s'informer des derniers développements des opérations visant à retrouver le vol disparu MH370 de Malaysia Airlines et demande aux départements compétents de mobiliser toutes les forces, d'intensifier les efforts de recherche et de persévérer tant qu'il y a une lueur d'espoir.

应对突发事件

第五部分 维护权益 外交为民
Part 5　Protection of Rights and Interests, People-oriented Diplomacy in Action
Partie 5　Diplomatie au service du peuple pour la défense des droits et intérêts

3月8日，外交部长王毅（中）紧急召开境外中国公民安全保护工作部际联席会议，研究部署马航MH370客机失联应对处置事宜。

On 8 March, Foreign Minister Wang Yi (center) held an inter-agency emergency meeting on protection of overseas Chinese citizens to coordinate the response to and the handling of the missing Malaysia Airlines Flight MH370.

Le 8 mars, le Ministre des Affaires étrangères Wang Yi (au milieu) préside une réunion interministérielle sur la sécurité des Chinois d'outre-mer convoquée en urgence suite à la disparition du vol MH370 de Malaysia Airlines pour étudier et élaborer les mesures de gestion de l'incident.

3月26日，中国政府特使、外交部副部长张业遂专程赴马来西亚处理马航MH370失联客机事宜。图为马来西亚总理纳吉布在吉隆坡会见张业遂（右）。

On 26 March, Special Envoy of the Chinese government and Vice Foreign Minister Zhang Yesui paid a special visit to Malaysia to handle issues related to the missing flight MH370. The picture shows Malaysian Prime Minister Najib meeting Zhang Yesui (right) in Kuala Lumpur.

Le 26 mars, le Vice-Ministre des Affaires étrangères Zhang Yesui (à droite), en visite en Malaisie en tant qu'Envoyé spécial du gouvernement chinois pour le dossier de la disparition du vol MH370, rencontre le Premier Ministre malaisien Najib Razak à Kuala Lumpur.

3月18日，中国驻马来西亚大使黄惠康（右）在使馆举行新闻发布会，介绍中方搜救最新情况。

On 18 March, Chinese Ambassador to Malaysia Huang Huikang (right) held a press conference at the embassy, providing latest information on China's search operations.

Le 18 mars, l'Ambassadeur de Chine en Malaisie Huang Huikang (à droite) tient une conférence de presse à l'Ambassade pour présenter les dernières informations sur l'opération chinoise de recherche et de sauvetage.

3月23日，在马航MH370失联客机搜寻工作重点转向澳大利亚后，中国驻澳大利亚大使马朝旭（右二）第一时间赶赴澳大利亚海事安全局了解最新情况。

On 23 March, after the main search zone for the missing flight MH370 was shifted to Australia, Chinese Ambassador to Australia Ma Zhaoxu (second from right) immediately visited the Australian Maritime Safety Authority for information on the latest developments.

Le 23 mars, suite à la réorientation vers l'Australie des opérations de recherche du vol disparu MH370 de Malaysia Airlines, l'Ambassadeur de Chine en Australie Ma Zhaoxu (2° à droite) se rend immédiatement à l'Autorité australienne de Sécurité maritime pour apprendre les dernières informations.

第五部分　维护权益　外交为民
Part 5　Protection of Rights and Interests, People-oriented Diplomacy in Action
Partie 5　Diplomatie au service du peuple pour la défense des droits et intérêts

打造海外民生工程

11月18日，国家主席习近平在澳大利亚塔斯马尼亚州霍巴特港看望正在这里补给的"雪龙"号全体科考人员。

On 18 November, President Xi Jinping visited the scientific researchers on the Chinese research vessel Xuelong (also known as Snow Dragon), which was anchored at the port of Hobart, Tasmania of Australia, for replenishment.

Le 18 novembre, le Président Xi Jinping rend visite au personnel du navire de recherche Xuelong en escale de ravitaillement dans le port de Hobart dans l'État de Tasmanie, en Australie.

打造海外民生工程

5月8日，国务院总理李克强（左六）在安哥拉主持召开"海外民生工程座谈会"。

On 8 May, Premier Li Keqiang of the State Council (sixth from left) presided over a seminar on strengthening consular protection and services for overseas Chinese citizens in Angola.

Le 8 mai, le Premier Ministre du Conseil des Affaires d'État Li Keqiang (6ᵉ à gauche) préside, en Angola, une réunion sur le bien-être des ressortissants chinois à l'étranger.

第五部分 维护权益 外交为民
Part 5 Protection of Rights and Interests, People-oriented Diplomacy in Action
Partie 5 Diplomatie au service du peuple pour la défense des droits et intérêts

打造海外民生工程

10月1日，中国驻南非大使田学军（前右一）在南非约翰内斯堡米尔帕克医院看望遭遇严重车祸的中国伤员。

On 1 October, Chinese Ambassador to South Africa Tian Xuejun (first from right in the front) visited Chinese citizens injured in a serious traffic accident at the Milpark Hospital in Johannesburg.

Le 1er octobre, l'Ambassadeur de Chine en Afrique du Sud Tian Xuejun (1er plan, 1er à droite) rend visite aux Chinois blessés dans un grave accident de route dans l'Hôpital Milpark à Johannesburg, en Afrique du Sud.

7月29日，中国驻巴基斯坦大使孙卫东（左二）在开斋节期间慰问在巴基斯坦的维族侨胞。

On 29 July, Chinese Ambassador to Pakistan Sun Weidong (second from left) visited Chinese citizens of Uygur ethnicity living in Pakistan during the Eid al-Fitr.

Le 29 juillet, l'Ambassadeur de Chine au Pakistan Sun Weidong (2e à gauche) rend visite à des ressortissants chinois d'ethnie ouïgoure au Pakistan lors de la fête de l'Aïd el-Fitr.

1 6月28日，在中国驻伊拉克共和国大使馆的协助下，在伊拉克萨拉赫丁省的中国企业1260名员工在伊拉克局势恶化后全部安全转移至巴格达。

2 8月2日，中国驻利比亚大使馆工作人员（左）在利比亚冲突升级后前往突尼斯拉斯杰迪尔口岸协助中国公民办理从利比亚境内撤离手续。

3 8月9日，中国驻哥伦比亚大使馆工作人员与哥伦比亚考卡山谷省移民局官员就华侨华人情况及哥伦比亚移民政策举行座谈。

1 On 28 June, with the assistance of the Chinese Embassy in the Republic of Iraq, all the 1260 employees of Chinese enterprises in Salah ad Din province of Iraq were safely transferred to Baghdad after the situation in Iraq deteriorated.

2 On 2 August, after the escalation of conflicts in Libya, an official from the Chinese Embassy in Libya (left) went to the port of entry in Ras Jdir, Tunisia, to assist with the procedures for Chinese citizens to evacuate from Libya.

3 On 9 August, officials of the Chinese Embassy in Colombia had talks with officials of the Immigration Bureau of Cauca Valley Department of Colombia on the status of local Chinese community and immigration policies of Colombia.

1 Le 28 juin, en raison de l'aggravation de la situation sécuritaire en Iraq, les 1260 employés des entreprises chinoises dans la province de Salah ad-Din sont transférés sains et saufs à Bagdad avec l'assistance de l'Ambassade de Chine en Iraq.

2 Le 2 août, suite à l'escalade du conflit en Libye, un agent de l'Ambassade de Chine en Libye (à gauche) aide les ressortissants chinois au poste-frontière de Ras Jedir en Tunisie à remplir les formalités de sortie de territoire.

3 Le 9 août, des agents de l'Ambassade de Chine en Colombie échangent avec des officiels du Bureau de l'immigration du département de Valle del Cauca sur la communauté chinoise et la politique d'immigration colombienne.

第五部分 维护权益 外交为民
Part 5 Protection of Rights and Interests, People-oriented Diplomacy in Action
Partie 5 Diplomatie au service du peuple pour la défense des droits et intérêts

推动中外人员往来便利化

11月11日至12日，国家主席习近平（左三）与美国总统奥巴马（右三）在北京举行会晤。其间，双方同意将为对方国家商务、旅游人员颁发十年多次签证，为留学人员颁发五年多次签证。

From 11 to 12 November, President Xi Jinping (third from left) had meetings with President Obama of the United States (third from right) in Beijing. During the meetings, the two sides agreed to grant 10-year multiple-entry visas to business people and tourists and 5-year multiple-entry visas to students from each other's country.

Les 11 et 12 novembre, le Président Xi Jinping (3ᵉ à gauche) s'entretient, à Beijing, avec le Président américain Barack Obama (3ᵉ à droite). Les deux parties parviennent à un accord d'extension réciproque des visas multi-entrées jusqu'à 10 ans pour les hommes d'affaires et les touristes et jusqu'à cinq ans pour les étudiants.

7月3日，外交部副部长谢杭生（中）出席中国驻扎门乌德总领事馆开馆仪式。（上图）

6月25日，外交部副部长张明（右）出席中国驻巴塔总领事馆开馆仪式。（下图）

On 3 July, Vice Foreign Minister Xie Hangsheng (center) attended the inauguration ceremony of the Chinese Consulate-General in Zamyn-Uud.

On 25 June, Vice Foreign Minister Zhang Ming (right) attended the inauguration ceremony of the Chinese Consulate-General in Bata.

Le 3 juillet, le Vice-Ministre des Affaires étrangères Xie Hangsheng (au milieu) assiste à la cérémonie d'inauguration du Consulat général de Chine à Zamyn-Uud.

Le 25 juin, le Vice-Ministre des Affaires étrangères Zhang Ming (à droite) assiste à la cérémonie d'inauguration du Consulat général de Chine à Bata.

推动中外人员往来便利化

第五部分 维护权益 外交为民
Part 5 Protection of Rights and Interests, People-oriented Diplomacy in Action
Partie 5 Diplomatie au service du peuple pour la défense des droits et intérêts

1 9月25日，中国驻荷兰大使陈旭（左三）代表外交部出席中国驻威廉斯塔德总领事馆开馆仪式。

2 12月8日，中国驻登巴萨总领事馆举行开馆仪式。

3 12月30日，中国驻埃尔比勒总领事馆举行开馆仪式。

1 On 25 September, Chinese Ambassador to the Netherlands Chen Xu (third from left) attended the inauguration ceremony of the Chinese Consulate-General in Willemstad on behalf of the Chinese Foreign Ministry.

2 On 8 December, the inauguration ceremony of the Chinese Consulate-General in Denpasar was held.

3 On 30 December, the inauguration ceremony of the Chinese Consulate-General in Erbil was held.

1 Le 25 septembre, a lieu la cérémonie d'inauguration du Consulat général de Chine à Willemstad à laquelle assiste l'Ambassadeur de Chine aux Pays-Bas Chen Xu (3ᵉ à gauche) en tant que représentant du Ministère des Affaires étrangères.

2 Le 8 décembre, a lieu la cérémonie d'inauguration du Consulat général de Chine à Denpasar.

3 Le 30 décembre, a lieu la cérémonie d'inauguration du Consulat général de Chine à Erbil.

5月27日，中国驻巴巴多斯大使王克（右）与巴巴多斯外交外贸部部长麦克林在巴巴多斯布里奇顿分别代表两国政府签署了《中华人民共和国和巴巴多斯政府关于互免持外交、公务（官员）护照人员签证的协定》。

On 27 May, Chinese Ambassador to Barbados Wang Ke (right) and Minister of Foreign Affairs and Foreign Trade of Barbados Maxine McClean signed the *Agreement on Mutual Visa Exemption for Holders of Diplomatic or Service (Official) Passports* on behalf of their respective governments in Bridgetown.

Le 27 mai, l'Ambassadeur de Chine à Barbade Wang Ke (à droite) et la Ministre barbadienne des Affaires étrangères et du Commerce extérieur Maxine Mcclean, au nom des gouvernements des deux pays, signent, à Bridgetown, à Barbade, l'*Accord entre le gouvernement de la République populaire de Chine et le gouvernement de Barbade sur l'exemption mutuelle de visa pour les détenteurs de passeports diplomatique et de service/officiel*.

9月5日，中国与德国第二轮双边领事磋商在北京举行。双方就深化中德领事关系与合作、便利人员往来、保护双方公民合法权益等问题深入交换意见。

On 5 September, the second round of China-Germany bilateral consular consultations was held in Beijing. The two sides had in-depth exchange of views on deepening consular relations and cooperation, facilitating personnel exchanges and protecting lawful rights and interests of each other's citizens.

Le 5 septembre, se tient à Beijing le 2ᵉ tour de consultations consulaires entre la Chine et l'Allemagne, l'occasion pour les deux parties de procéder à des échanges de vues approfondis sur l'approfondissement des relations et de la coopération bilatérales dans le domaine consulaire, la facilitation de la mobilité humaine et la protection des droits et intérêts légitimes des ressortissants chinois et allemands.

第五部分 维护权益 外交为民
Part 5 Protection of Rights and Interests, People-oriented Diplomacy in Action
Partie 5 Diplomatie au service du peuple pour la défense des droits et intérêts

推动中外人员往来便利化

对中国公民免签或落地签的国家和地区

互免签证
圣马力诺
塞舌尔
毛里求斯
巴哈马

单方面免签
韩国（济州道）
海地
萨摩亚
美属北马里亚纳群岛（塞班岛等）
特克斯和凯科斯群岛（英国海外领地）
南乔治亚和南桑威奇群岛（英国海外领地）
牙买加
多米尼克
安提瓜和巴布达

落地签		
阿联酋	约旦	肯尼亚
巴林	越南	圭亚那
东帝汶	柬埔寨	圣赫勒拿（英国海外领地）
老挝	埃及	斐济
黎巴嫩	多哥	帕劳
马尔代夫	佛得角	图瓦卢
缅甸	几内亚比绍	瓦努阿图
尼泊尔	科摩罗	孟加拉国
斯里兰卡	科特迪瓦	毛里塔尼亚
泰国	马达加斯加	
土库曼斯坦	马拉维	
文莱	塞拉利昂	
伊朗	坦桑尼亚	
印度尼西亚	乌干达	

截至2014年12月31日，除了4个互免持普通护照人员签证国家，还有9个国家和地区单方面有条件地给予持普通护照中国公民免签入境待遇，37个国家和地区有条件地允许持普通护照中国公民在抵达入境口岸时申请办理落地签证。

As of 31 December 2014, four countries had agreements with China on mutual visa exemption for holders of ordinary passports, nine countries and regions unilaterally provided visa-free access to Chinese citizens holding ordinary passports on conditions, and 37 countries and regions unilaterally allowed Chinese citizens holding ordinary passports to apply for visa-upon-arrival when they arrive at the ports of entry on conditions.

Jusqu'au 31 décembre 2014, à côté des quatre pays ayant avec la Chine un accord d'exemption mutuelle de visa pour les détenteurs de passeport ordinaire, neuf pays et territoires accordent l'exemption unilatérale de visa assortie de conditions aux citoyens chinois détenteurs de passeport ordinaire, et 37 pays et territoires appliquent une politique de visa à l'arrivée assortie de conditions aux Chinois détenteurs de passeport ordinair

提高为民服务水平

9月2日，外交部全球领事保护与服务应急呼叫中心启动仪式在北京举行，正式开通"12308"领事保护热线。图为外交部长王毅（左三）出席启动仪式，并为呼叫中心揭牌。

On 2 September, the inauguration ceremony of the Global Emergency Call Center for Consular Protection of the Ministry of Foreign Affairs was held in Beijing, and the hotline 12308 was officially launched. The picture shows Foreign Minister Wang Yi (third from left) unveiling the plaque of the center when he attended the ceremony.

Le 2 septembre, le Centre d'appel d'urgence mondial pour la protection et les services consulaires du Ministère des Affaires étrangères a été inauguré à Beijing, et le numéro vert « 12308 » de la protection consulaire a été mis en service officiellement. Sur la photo, le Ministre des Affaires étrangères Wang Yi (3ᵉ à gauche) assiste à la cérémonie et dévoile la plaque du Centre.

7月，外交部领事司启用新版对外咨询电话系统，为办证人提供更为细致、周到的咨询服务。图为领事司工作人员为中国公民提供电话咨询服务。

In July, the Department of Consular Affairs of the Chinese Foreign Ministry launched a new telephone consulting service system, providing passport and visa applicants with more detailed and considerate service. The picture shows the staff of the Department of Consular Affairs providing consulting service to Chinese citizens.

En juillet, le Département des Affaires consulaires du Ministère des Affaires étrangères a lancé le nouveau système de renseignement téléphonique ouvert au grand public chinois et en mesure de fournir des services de renseignement plus minutieux et de meilleure qualité. Sur la photo, des agents du Département des Affaires consulaires répondent aux appels téléphoniques.

提高为民服务水平

第五部分 维护权益 外交为民
Part 5　Protection of Rights and Interests, People-oriented Diplomacy in Action
Partie 5　Diplomatie au service du peuple pour la défense des droits et intérêts

截至2014年年底，中国251个驻外使领馆全部完成电子护照二期项目部署，旅居五大洲的中国公民均可就近申请获颁带有指纹信息的电子护照。

By the end of 2014, all the 251 Chinese diplomatic and consular missions had completed the second phase of the e-passport project. Chinese citizens all over the world could apply for e-passports with fingerprint information at a nearby embassy or consulate.

À la fin de l'année 2014, la deuxième phase du Programme du passeport électronique est accomplie dans les 251 ambassades et consulats de Chine à l'étranger. Les ressortissants chinois sur les cinq continents peuvent désormais demander auprès du service consulaire le plus proche le passeport électronique contenant des empreintes digitales.

提高为民服务水平

1 2014年，外交部领事司"电子领事平台"全面推进，"一站式"领事资讯平台初步建成。

2 2014年，"出国及海外中国公民自愿登记系统"在新版中国领事服务网开启试运行。

3 2014年，"海外申请护照在线预约系统"在新版中国领事服务网开启试运行。

4 2014年，APEC商务旅行卡网上申请与审批系统正式启用，中国是少数实现网上申办旅行卡的APEC经济体之一。截至12月底，中国公民APEC商务旅行卡有效持卡量居APEC经济体首位。

5 1月26日，中国领事直通车微信（LS12308）正式启用，向订户提供快捷、实用的领事服务与领事保护咨询和实用信息，实现"送信息上门"。

1 In 2014, the Department of Consular Affairs of the Chinese Foreign Ministry made comprehensive progress in building the "E-Consul" platform. A one-stop consular information platform was established.

2 In 2014, the voluntary registration system for Chinese citizens overseas began its test run on the upgraded consular service website of the Chinese Foreign Ministry.

3 In 2014, the online appointment system for overseas passport application began its test run on the upgraded consular service website of the Chinese Foreign Ministry.

4 In 2014, the online application and review and approval system for the APEC Business Travel Card was officially launched, making China one of the few APEC economies providing online service for the application of the card. As of the end of December, China ranked the first among APEC economies in terms of the number of valid APEC Business Travel Cards held by its citizens.

5 On 26 January, the WeChat account LS12308 was officially put into service, providing subscribers fast and practical consulting service and useful information on consular services and protection.

1 En 2014, la plateforme « E-Consul » du Département des Affaires consulaires du Ministère des Affaires étrangères connaît une progression globale, offrant des informations et des services consulaires de guichet unique.

2 En 2014, le système d'inscription consulaire sur la base volontaire pour les voyageurs et ressortissants chinois à l'étranger est lancé à titre d'essai sur la nouvelle version du site cs.mfa.gov.cn.

3 En 2014, le système de prise de rendez-vous par Internet pour déposer une demande de passeport à l'étranger est lancé à titre d'essai sur la nouvelle version du site cs.mfa.gov.cn.

4 En 2014, le système de demande et d'approbation en ligne de la Carte de voyage d'affaires de l'APEC entre officiellement en service. La Chine est l'une des rares économies de l'APEC à mettre en place un tel système. Jusqu'à fin décembre 2014, les personnes munies de la Carte de voyage d'affaires de l'APEC sont les plus nombreuses en Chine parmi les économies de l'APEC.

5 Le 26 janvier, le compte Wechat des services consulaires de Chine (LS12308) entre officiellement en service. Les abonnés ont ainsi accès aux services de renseignement et d'informations consulaires pratiques et efficaces sans avoir besoin de se déplacer.

提高为民服务水平

第五部分 维护权益 外交为民
Part 5　Protection of Rights and Interests, People-oriented Diplomacy in Action
Partie 5　Diplomatie au service du peuple pour la défense des droits et intérêts

8月29日，中国驻日本大使程永华（右四）在日本东京出席中国驻日本使馆微信公共号启动仪式。（上图）

10月8日，中国驻坦桑尼亚使馆在坦桑尼亚多多马省举办"领事服务下基层"活动，并任命热心侨胞为该地区"领保联络员"，让偏远地区侨胞在家门口享受到便利的领事服务。（下图）

On 29 August, Chinese Ambassador to Japan Cheng Yonghua (fourth from right) attended the launching of the WeChat public account of the Chinese Embassy in Japan in Tokyo. (Upper picture)

On 8 October, the Chinese Embassy in Tanzania organized an activity to bring consular services to the communities in the Dodoma region of Tanzania and appointed a number of overseas Chinese as contact persons for consular protection in the region, enabling Chinese citizens living in remote areas to enjoy convenient consular services. (Lower picture)

Le 29 août, l'Ambassadeur de Chine au Japon Cheng Yonghua (4ᵉ à droite) assiste, à Tokyo, à la cérémonie de lancement du compte officiel Wechat de l'Ambassade. (Photo en haut)

Le 8 octobre, l'Ambassade de Chine en Tanzanie organise, dans la région de Dodoma, la campagne « Services consulaires de proximité » et nomme des « agents de liaison pour la protection consulaire » parmi les ressortissants chinois prévenants locaux, permettant aux Chinois résidant dans des zones reculées de bénéficier des services consulaires de proximité. (Photo en bas)

提高为民服务水平

10月24日，中国驻克赖斯特彻奇总领事馆在新西兰因弗卡吉尔市南方理工学院开展领事便民服务。

On 24 October, the Chinese Consulate-General in Christchurch, New Zealand, provided consular service in the Southern Institute of Technology in Invercargill.

Le 24 octobre, le Consulat général de Chine à Christchurch offre des services consulaires de proximité dans le Southern Institute of Technology à Invercargill, en Nouvelle-Zélande.

外交部领事司在全国开展"领保下地方"、"领保入企业"和"领保入校园"活动，打造预防性领事保护工作品牌。

The Department of Consular Affairs of the Foreign Ministry carried out a series of activities in local communities, enterprises and schools all over the country to spread knowledge about consular protection and assistance and promote preventive consular protection.

Le Départment des Affaires consulaires du Ministère des Affaires étrangère organise des activités dans le cadre de la « sensibilisation des collectivités locales, des entreprises et des étudiants à la protection consulaire », action phare dans le domaine de la protection consulaire préventive.

第六部分

交流互鉴
共圆梦想

二零一四年，中国积极开展丰富多彩的公共外交和人文交流活动，不断增进与不同国家的交流互鉴，提升同各国人民的友好情感，共Подержки持久和平、共同繁荣的世界梦。中国领导人身体力行，与外国各界人士广泛接触，讲述中国故事，弘扬中国理念，向国际社会展示了中国文明进步、开放包容、繁荣发展的良好形象。中国积极开展各领域交往合作，夯实了中国与世界各国关系发展的社会和民意基础。多姿多彩的人文交流成为增进同各国人民友谊的桥梁。

Part 6
Exchanges and Mutual Learning in Pursuit of Respective Dreams

In 2014, China adopted a proactive approach in conducting public diplomacy and promoting people-to-people exchanges. Diverse and colorful activities were carried out to enhance interactions and mutual learning with other countries and build people-to-people friendship in pursuit of the shared dreams of lasting peace and common development of the world. Chinese leaders had extensive engagements with people from various sectors in foreign countries, telling stories about China and providing China's perspectives. These engagements presented to the international community an open and inclusive China enjoying cultural progress and economic prosperity. Through active interactions and cooperation in various fields and vibrant people-to-people and cultural exchanges, China consolidated the social foundation and popular support for the growth of its relations with other countries and built a bridge of friendship between the Chinese people and the people of other countries.

Partie 6
Échanges et inspiration mutuelle pour la réalisation des rêves respectifs

En 2014, la Chine s'est montrée très active dans le domaine de la diplomatie publique avec le lancement de nombreuses initiatives et la réalisation des échanges humains et culturels riches et variés, ce qui a permis d'accroître les échanges et l'inspiration mutuelle entre la Chine et les autres pays du monde, d'approfondir l'amitié entre peuples et de favoriser la réalisation de l'aspiration commune à un monde de paix durable et de prospérité partagée. Les dirigeants chinois se sont engagés personnellement pour nouer de larges contacts avec les personnalités étrangères de différents milieux, bien faire connaître la Chine, promouvoir les idées chinoises et montrer à la communauté internationale une Chine ouverte, tolérante, en phase avec son temps et en marche vers plus de progrès et de prospérité. Les échanges et coopérations actifs dans tous les domaines entre la Chine et les autres pays du monde ont contribué à consolider la base populaire de leurs relations, et les échanges humains et culturels diversifiés ont permis d'établir des passerelles entre le peuple chinois et les autres peuples du monde et de resserrer leurs liens d'amitié.

China's Foreign Affairs
Les affaires étrangères de la Chine

深入民间

9月17日，国家主席习近平（左）在印度总理纳兰德拉·莫迪陪同下参观位于印度古吉拉特邦的甘地故居，并亲自摇动甘地曾经使用过的纺车。

On 17 September, President Xi Jinping (left) visited Gandhi Ashram in Gujarat Pradesh accompanied by Indian Prime Minister Narendra Modi and turned a spinning wheel used by Gandhi.

Le 17 septembre, le Président Xi Jinping (à gauche) visite, en compagnie du Premier Ministre indien Narendra Modi, l'ancienne résidence de Mohandas Karamchand Gandhi dans l'État du Gujarat et tourne le rouet qu'utilisait Mohandas karamchand Gandhi.

深入民间

第六部分 交流互鉴 共圆梦想
Part 6　Exchanges and Mutual Learning in Pursuit of Respective Dreams
Partie 6　Échanges et inspiration mutuelle pour la réalisation des rêves respectifs

7月19日，国家主席习近平（前左二）在阿根廷布宜诺斯艾利斯参观阿根廷共和国庄园。（上图）

11月18日，国家主席习近平（右三）和夫人彭丽媛（右一）在澳大利亚塔斯马尼亚州看望已故塔斯马尼亚州前州长培根的家人。（下图）

On 19 July, President Xi Jinping (second from left in the front) visited the Republic Farm in Buenos Aires, Argentina. (Upper picture)

On 18 November, President Xi Jinping (third from right) and his wife Madame Peng Liyuan (first from right) visited the family of late former Premier of Tasmania Bacon in Tasmania, Australia. (Lower picture)

Le 19 juillet, le Président Xi Jinping (1er plan, 2e à gauche) visite la ferme « La République » à Buenos Aires, en Argentine. (Photo en haut)

Le 18 novembre, le Président Xi Jinping (3e à droite) et son épouse Peng Liyuan (1ère à droite) rendent visite, en Tasmanie, en Australie, à la famille du feu Premier Ministre de Tasmanie Jim Bacon. (Photo en bas)

深入民间

10月10日，国务院总理李克强（前左二）与德国总理默克尔（前左一）在德国柏林与街头的德国民众交流互动。（上图）

11月14日，国务院总理李克强（左一）来到缅甸内比都第十四中学，同缅甸青少年交流。（下图）

On 10 October, Premier Li Keqiang of the State Council (second from left in the front) and German Chancellor Merkel (first from left in the front) had interactions with German people in the street of Berlin. (Upper picture)

On 14 November, Premier Li Keqiang of the State Council (first from left) had interactions with Myanmar teenagers at the No. 14 Middle School in Nay Pyi Taw, Myanmar. (Lower picture)

Le 10 octobre, le Premier Ministre du Conseil des Affaires d'État Li Keqiang (1er plan, 2e à gauche) et la Chancelière allemande Angela Merkel (1er plan, 1ère à gauche) vont à la rencontre des Allemands dans les rues de Berlin. (Photo en haut)

Le 14 novembre, le Premier Ministre du Conseil des Affaires d'État Li Keqiang (1er à gauche) échange avec des élèves de l'École secondaire N° 14 de Nay Pyi Taw, au Myanmar. (Photo en bas)

深入民间

第六部分 交流互鉴 共圆梦想
Part 6　Exchanges and Mutual Learning in Pursuit of Respective Dreams
Partie 6　Échanges et inspiration mutuelle pour la réalisation des rêves respectifs

12月31日，国务委员杨洁篪（前右二）在柬埔寨金边中国文化之家与当地民众交流。

On 31 December, State Councilor Yang Jiechi (second from right in the front) visited the Chinese Cultural Mansion in Phnom Penh, Cambodia, and had interactions with the local people.

Le 31 décembre, le Conseiller d'État Yang Jiechi (1er plan, 2e à droite) rencontre la population locale à la Maison de la Culture chinoise à Phnom Penh, au Cambodge.

7月5日，外交部驻香港特别行政区特派员宋哲（第四排左六）在香港出席第八届"香港杯"外交知识竞赛总决赛。

On 5 July, Commissioner of the Ministry of Foreign Affairs in the Hong Kong Special Administrative Region Song Zhe (sixth from left in the fourth row) attended the final of the eighth Hong Kong Cup Diplomatic Knowledge Contest in Hong Kong.

Le 5 juillet, le Commissaire du Ministère des Affaires étrangères dans la Région administrative spéciale de Hong Kong Song Zhe (4e rang, 6e à gauche) assiste, à Hong Kong, à la finale du 8e Concours de Hong Kong sur les connaissances diplomatiques.

2月7日，国家主席习近平（左）在俄罗斯索契接受俄罗斯电视台专访。

On 7 February, President Xi Jinping (left) gave an interview to Rossiya TV in Sochi, Russia.

Le 7 février, le Président Xi Jinping (à gauche) accorde une interview exclusive à une chaîne de télévision russe à Sotchi, en Russie.

政策宣示

第六部分　交流互鉴　共圆梦想
Part 6　Exchanges and Mutual Learning in Pursuit of Respective Dreams
Partie 6　Échanges et inspiration mutuelle pour la réalisation des rêves respectifs

6月18日，国务院总理李克强（左）在伦敦金融城市长官邸面向英国皇家国际问题研究所和国际战略研究所两大智库发表题为"共建包容发展的美好世界"的演讲。

On 18 June, Premier Li Keqiang of the State Council (left) delivered a speech entitled "Inclusive Development: A Better World for All" to two major British think tanks, the Royal Institute of International Affairs and the International Institute for Strategic Studies, at the Mansion House, City of London.

Le 18 juin, le Premier Ministre du Conseil des Affaires d'État Li Keqiang (à gauche) prononce, à la Mansion House, résidence du Lord-maire de la Cité de Londres, un discours intitulé « Développement inclusif : un monde meilleur pour tous » devant des chercheurs de Chatham House, Institut royal des Affaires internationales, et de l'Institut international pour les Études stratégiques.

6月18日，国务院副总理刘延东在上海出席太湖世界文化论坛第三届年会开幕式并发表主旨讲话。

On 18 June, Vice Premier Liu Yandong of the State Council delivered a keynote speech at the opening ceremony of the Third Annual Conference of Taihu World Cultural Forum in Shanghai.

Le 18 juin, la Vice-Premier Ministre du Conseil des Affaires d'État Liu Yandong assiste, à Shanghai, à la cérémonie d'ouverture de la 3ᵉ Conférence annuelle du Forum culturel mondial de Taihu et y prononce un discours.

6月21日，国务委员杨洁篪在北京出席第三届世界和平论坛开幕式并发表主旨讲话。

On 21 June, State Councilor Yang Jiechi delivered a keynote speech at the opening ceremony of the Third World Peace Forum in Beijing.

Le 21 juin, le Conseiller d'État Yang Jiechi assiste, à Beijing, à la cérémonie d'ouverture du 3ᵉ Forum mondial de la paix et y prononce un discours.

第六部分 交流互鉴 共圆梦想
Part 6　Exchanges and Mutual Learning in Pursuit of Respective Dreams
Partie 6　Échanges et inspiration mutuelle pour la réalisation des rêves respectifs

政策宣示

1月20日，中国驻巴西大使李金章（后右一）在巴西巴西利亚就中巴关系和金砖国家合作接受媒体联合采访。（上图）

1月25日，中国驻英国大使刘晓明（左二）在英国剑桥大学马歇尔经济学会发表题为"中国发展前景光明"的主旨演讲。（下图）

On 20 January, Chinese Ambassador to Brazil Li Jinzhang (first from right in the back) gave a joint interview to the media on China-Brazil relations and cooperation among BRICS countries in Brasilia, Brazil. (Upper picture)

On 25 January, Chinese Ambassador to the United Kingdom Liu Xiaoming (second from left) gave a keynote speech entitled "China Has a Bright Future in the Road Ahead" at the Marshal Society of Cambridge University. (Lower picture)

Le 20 janvier, l'Ambassadeur de Chine au Brésil Li Jinzhang (2e plan, 1er à droite) accorde, à Brasilia, une interview aux médias sur les relations sino-brésiliennes et la coopération au sein du BRICS. (Photo en haut)

Le 25 janvier, l'Ambassadeur de Chine au Royaume-Uni Liu Xiaoming (2e à gauche) prononce, à la Marshall Society de l'Université de Cambridge, un discours intitulé « La Chine promise à un bel avenir ». (Photo en bas)

9月10日，中国驻德国大使史明德（后右二）在德国柏林出席"中国低碳城市建设"主题研讨会。

On 10 September, Chinese Ambassador to Germany Shi Mingde (second from right in the back) attended a seminar on low carbon cities in China in Berlin, Germany.

Le 10 septembre, l'Ambassadeur de Chine en Allemagne Shi Mingde (2ᵉ à droite sur la tribune) participe, à Berlin, à un atelier sur la construction de villes bas carbone en Chine.

12月13日，中国驻印度大使乐玉成（左一）在印度《德干先驱报》举行的研讨会上发表主旨演讲。

On 13 December, Chinese Ambassador to India Le Yucheng (first from left) delivered a keynote speech at the National Conference held by *Deccan Herald*.

Le 13 décembre, l'Ambassadeur de Chine en Inde Le Yucheng (1ᵉʳ à gauche) prononce un discours à une conférence organisée par le quotidien indien *Deccan Herald*.

政策宣示

第六部分 交流互鉴 共圆梦想
Part 6　Exchanges and Mutual Learning in Pursuit of Respective Dreams
Partie 6　Échanges et inspiration mutuelle pour la réalisation des rêves respectifs

6月26日，中国驻委内瑞拉大使赵荣宪（中）和委内瑞拉副外长诺亚（左）在委内瑞拉国家电视台就中委建交四十周年接受专访。（上图）

8月1日，中国驻布隆迪大使郁序忠（右）在布隆迪出席布隆迪国家电视台"青年假期"栏目中国专题节目，与当地青年交流。（下图）

On 26 June, Chinese Ambassador to Venezuela Zhao Rongxian (center) and Venezuelan Vice Foreign Minister Xoan Noya (left) gave an exclusive interview to Venezuelan TV on the 40th anniversary of the establishment of diplomatic ties between China and Venezuela. (Upper picture)

On 1 August, Chinese Ambassador to Burundi Yu Xuzhong (right) attended a special episode on China of the Burundian National Radio and Television program "Youth Vacation" and interacted with the local young people. (Lower picture)

Le 26 juin, l'Ambassadeur de Chine au Venezuela Zhao Rongxian (au milieu) et le Vice-Ministre vénézuélien des Affaires étrangères Xoan Noya (à gauche) accordent une interview exclusive à la télévision vénézuélienne VTV au sujet du quarantenaire des relations diplomatiques sino-vénézuéliennes. (Photo en haut)

Le 1er août, l'Ambassadeur de Chine au Burundi Yu Xuzhong (à droite), invité à l'émission « Jeunes vacances » de la Radio-télévision nationale du Burundi pour un numéro spécial consacré à la Chine, échange avec des jeunes burundais. (Photo en bas)

10月10日，中国驻斯洛伐克大使潘伟芳（中）在斯洛伐克布拉迪斯拉发就双边关系、中国对外政策接受斯洛伐克通讯社采访。

On 10 October, Chinese Ambassador to Slovakia Pan Weifang (center) gave an interview to the News Agency of the Slovak Republic on China-Slovakia relations and China's foreign policy in Bratislava, Slovakia.

Le 10 octobre, l'Ambassadeur de Chine en Slovaquie Pan Weifang (au milieu) accorde, à Bratislava, une interview à l'agence de presse slovaque TASR sur les relations sino-slovaques et la politique étrangère de la Chine.

12月11日，外交部政策规划司在印尼雅加达同印尼外交部政策总司举行两国外交部政策规划部门第八轮外交政策磋商。

On 11 December, the Policy Planning Department of the Chinese Foreign Ministry and the Policy Analysis and Development Agency of the Ministry of Foreign Affairs of Indonesia held the eighth consultation on foreign policy between the policy planning departments of the two foreign ministries in Jakarta, Indonesia.

Le 11 décembre, le Département de la Planification politique du Ministère des Affaires étrangères et l'Agence d'Analyse et de Développement des Politiques du Ministère indonésien des Affaires étrangères tiennent, à Jakarta, en Indonésie, le 8ᵉ tour de consultations sur la politique étrangère entre les deux Ministères.

政策宣示

第六部分 交流互鉴 共圆梦想
Part 6　Exchanges and Mutual Learning in Pursuit of Respective Dreams
Partie 6　Échanges et inspiration mutuelle pour la réalisation des rêves respectifs

9月21日至23日，中国藏文化交流团访问比利时，向比利时各界介绍西藏的经济发展、宗教自由和文化保护等方面情况。（左图）

12月，外交部编制《中国"人权入宪"十年（2004-2014）》一书。（右图）

From 21 to 23 September, a Chinese delegation for exchange on Tibetan culture visited Belgium and shared information on the economic development, religious freedom and protection of culture in the Tibet Autonomous Region with people from various sectors of Belgium. (Left picture)

In December, the Ministry of Foreign Affairs of China compiled the book *2004–2014 — The Decade after Human Rights Was Articulated in the Constitution of the People's Republic of China*. (Right picture)

Du 21 au 23 septembre, une délégation chinoise pour les échanges sur la culture tibétaine effectue une visite en Belgique et présente aux différents milieux belges des informations sur le développement économique, la liberté religieuse et la préservation de la culture locale au Tibet. (Photo à gauche)

En décembre, le Ministère des Affaires étrangères a édité le livre *2004–2014 : les dix ans de l'inscription des droits de l'homme dans la Constitution chinoise*. (Photo à droite)

各领域交往

　　8月16日，国家主席习近平在江苏南京举行宴会，欢迎出席第二届夏季青年奥林匹克运动会开幕式的国际贵宾。图为习近平主席（前中）和夫人彭丽媛（左二）同各国贵宾一起步入宴会大厅。（左图）

　　8月16日，第二届夏季青年奥林匹克运动会开幕式在南京奥林匹克中心举行。（右图）

On 16 August, President Xi Jinping held a welcoming banquet in Nanjing, Jiangsu Province for foreign dignitaries who attended the opening ceremony of the Second Summer Youth Olympic Games. The picture shows President Xi Jinping (front center) and Madame Peng Liyuan (second from left) walking into the banquet hall with foreign dignitaries. (Left picture)

On 16 August, the opening ceremony of the second Summer Youth Olympic Games was held at the Nanjing Olympic Sports Center. (Right picture)

Le 16 août, le Président Xi Jinping offre, à Nanjing, au Jiangsu, un dîner de bienvenue en l'honneur des invités étrangers distingués venus pour la cérémonie d'ouverture des 2es Jeux Olympiques de la Jeunesse d'été. Sur la photo : le Président Xi Jinping (1er plan, au milieu) et son épouse Peng Liyuan (2e à gauche) entrent dans la salle de banquet ensemble avec les invités étrangers. (Photo à gauche)

Le 16 août, la cérémonie d'ouverture des 2es Jeux Olympiques de la Jeunesse d'été se tient au Centre des sports olympiques de Nanjing. (Photo à droite)

8月16日，国家主席习近平（前右十六）在江苏南京同出席青奥会开幕式的国际奥委会贵宾合影。

On 16 August, President Xi Jinping (16th from right in the front) took a group photo with the guests from the International Olympic Committee attending the opening ceremony of the Youth Olympic Games in Nanjing.

Le 16 août, le Président Xi Jinping (1er plan, 16e à droite) pose pour une photo de famille avec les invités du Comité international olympique venus assister à la cérémonie d'ouverture des Jeux Olympiques de la Jeunesse à Nanjing.

各领域交往

第六部分　交流互鉴　共圆梦想
Part 6　Closer Exchanges, Greater Mutual Trust
Partie 6　Échanges plus étroits, confiance mutuelle accrue

8月28日，国务院总理李克强（前右二）在南京看望中外青奥会志愿者代表。

On 28 August, Premier Li Keqiang of the State Council (second from right in the front) visited Chinese and foreign volunteers of the Youth Olympic Games in Nanjing.

Le 28 août, le Premier Ministre du Conseil des Affaires d'État Li Keqiang (1er plan, 2e à droite) rencontre des représentants des volontaires chinois et étrangers aux Jeux Olympiques de la Jeunesse à Nanjing.

各领域交往

8月27日，中共中央政治局常委、全国政协主席俞正声在北京会见巴基斯坦人民党联合主席、前总统扎尔达里（左一）。（上图）

12月11日，中共中央政治局常委、全国政协主席俞正声在北京会见古巴共产党中央政治局委员、革命武装力量部部长莱奥波尔多·辛特拉上将（左一）。（下图）

On 27 August, Yu Zhengsheng, Member of the Standing Committee of the Political Bureau of the CPC Central Committee and CPPCC Chairman, met with Asif Ali Zardari (first from left), Co-Chairman of Pakistani People's Party and former President of Pakistan. (Upper picture)

On 11 December, Yu Zhengsheng, Member of the Standing Committee of the Political Bureau of the CPC Central Committee and CPPCC Chairman, met with General Leopoldo Cintra Frias (first from left), Member of the Political Bureau of the Communist Party and Minister of the Revolutionary Armed Forces of Cuba. (Lower picture)

Le 27 août, M. Yu Zhengsheng, membre du Comité permanent du Bureau politique du CC du PCC et Président du Comité national de la CCPPC, rencontre, à Beijing, le Coprésident du Parti du Peuple pakistanais et ancien Président du Pakistan Asif Ali Zardari (1er à gauche). (Photo en haut)

Le 11 décembre, M. Yu Zhengsheng, membre du Comité permanent du Bureau politique du CC du PCC et Président du Comité national de la CCPPC, rencontre, à Beijing, le Général d'armée Leopoldo Cintra Frias (1er à gauche), membre du Bureau politique du Comité central du Parti communiste cubain et Ministre des Forces armées révolutionnaires de Cuba. (Photo en bas)

各领域交往

6月24日，中共中央政治局常委、中央纪委书记王岐山在北京会见丹麦议会监察专员约尔根·索伦森（前左）。（上图）

10月29日，中共中央政治局常委、中央纪委书记王岐山在北京会见法国社会党第一书记、欧洲社会党第一副主席让-克里斯托夫·冈巴德利斯（左）一行。（下图）

On 24 June, Wang Qishan, Member of the Standing Committee of the Political Bureau and Secretary of the Central Commission for Discipline Inspection of the CPC Central Committee, met with Danish Parliamentary Ombudsman Jorgen Steen Sorensen (front left). (Upper picture)

On 29 October, Wang Qishan, Member of the Standing Committee of the Political Bureau and Secretary of the Central Commission for Discipline Inspection of the CPC Central Committee, met with a delegation led by Jean-Christophe Cambadelis (left), First Secretary of the Socialist Party of France and Vice President of the European Socialist Party. (Lower picture)

Le 24 juin, M. Wang Qishan, membre du Comité permanent du Bureau politique du CC du PCC et Secrétaire de la Commission centrale de contrôle de la discipline du PCC, rencontre, à Beijing, l'Ombudsman du Parlement danois Jørgen Steen Sørensen (1er plan à gauche). (Photo en haut)

Le 29 octobre, M. Wang Qishan, membre du Comité permanent du Bureau politique du CC du PCC et Secrétaire de la Commission centrale de contrôle de la discipline du PCC, rencontre, à Beijing, le Premier Secrétaire du Parti socialiste français et Premier Vice-Président du Parti socialiste européen Jean-Christophe Cambadélis (à gauche). (Photo en bas)

11月4日，中共中央政治局委员、中央书记处书记、中宣部部长刘奇葆（右一）在越南大叻出席第十次中越两党理论研讨会并作主旨报告。

On 4 November, Liu Qibao (first from right), Member of the Political Bureau, Member of the Secretariat and Minister of the Publicity Department of the CPC Central Committee, attended the tenth theory seminar between the Communist Party of China and the Communist Party of Vietnam in Da Lat City, Vietnam.

Le 4 novembre, M. Liu Qibao (1er à droite), membre du Bureau politique, membre du Secrétariat et Chef du Département de la Communication du CC du PCC, participe, à Dalat, au Viet Nam, au 10e Colloque théorique entre le PCC et le Parti communiste vietnamien et y prononce un discours.

9月24日，中共中央政治局委员、中华全国总工会主席李建国在北京出席"2014'经济全球化与工会国际论坛"开幕式并致辞。

On 24 September, Li Jianguo, Member of the Political Bureau of the CPC Central Committee and Chairman of All-China Federation of Trade Unions, attended the " 2014 International Forum on Economic Globalization and Trade Union" in Beijing and delivered opening remarks.

Le 24 septembre, M. Li Jianguo, membre du Bureau politique du CC du PCC et Président de la Fédération nationale des Syndicats de Chine, assiste, à Beijing, à la cérémonie d'ouverture du Forum international sur la globalisation économique et les syndicats 2014 et y prononce une allocution.

各领域交往

第六部分 交流互鉴 共圆梦想
Part 6 Exchanges and Mutual Learning in Pursuit of Respective Dreams
Partie 6 Échanges et inspiration mutuelle pour la réalisation des rêves respectifs

9月17日,中共中央政治局委员、中央书记处书记、中组部部长赵乐际(右二)在北京会见以总书记拉希德·加努希(左二)为团长的突尼斯复兴运动代表团。

On 17 September, Zhao Leji (second from right), Member of the Political Bureau, Member of the Secretariat and Minister of the Organization Department of the CPC Central Committee, met with a delegation led by Secretary General of al-Nahda Party Rached Ghannouchi (second from left).

Le 17 septembre, M. Zhao Leji (2ᵉ à droite), membre du Bureau politique, membre du Secrétariat et Chef du Département de l'Organisation du CC du PCC, rencontre, à Beijing, la délégation du parti tunisien Ennahdha conduite par son Secrétaire général Rached Ghannouchi (2ᵉ à gauche).

9月3日,全国政协副主席、中联部部长王家瑞(左一)在北京出席"中国改革:执政党的角色——2014中国共产党与世界对话会"并发表题为"中国改革新动力,世界发展新机遇"的主旨讲话。

On 3 September, Wang Jiarui (first from left), CPPCC Vice Chairman and Minister of the International Department of the CPC Central Committee, attended The Party and the World Dialogue 2014 in Beijing and delivered a keynote speech entitled "New Driving Force of China's Reform and New Opportunity for World's Development".

Le 3 septembre, le Vice-Président du Comité national de la CCPPC et Chef du Département international du CC du PCC Wang Jiarui (1ᵉʳ à gauche) participe, à Beijing, au Dialogue entre le Parti et le monde 2014 et prononce un discours intitulé « Nouvelles dynamiques de réforme en Chine, nouvelles opportunités de développement pour le monde ».

1 11月5日，中共中央政治局委员、中央军委副主席范长龙上将在北京会见巴西武装力量联合参谋长若泽·德纳尔迪上将（前左）。

2 10月16日，中共中央政治局委员、中央军委副主席许其亮上将在北京会见苏丹国防部长阿卜杜·拉希姆（左）。

3 4月8日，国务委员兼国防部长常万全上将在北京与来访的美国国防部长哈格尔（左）举行媒体见面会。

1 On 5 November, General Fan Changlong, Member of the Political Bureau of the CPC Central Committee and Vice Chairman of the Central Military Commission, met with Chief of Joint Staff of the Brazilian Armed Forces General Jose Carlos De Nardi (left in the front).

2 On 16 October, General Xu Qiliang, Member of the Political Bureau of the CPC Central Committee and Vice Chairman of the Central Military Commission, met with Sudanese Defense Minister Abdel Rahim (left) in Beijing.

3 On 8 April, State Councilor and Defense Minister General Chang Wanquan and visiting US Defense Secretary Chuck Hagel (left) met with the press in Beijing.

1 Le 5 novembre, le Général d'armée Fan Changlong, membre du Bureau politique du CC du PCC et Vice-Président de la Commission militaire centrale, rencontre, à Beijing, le Général d'armée José Carlos de Nardi (1er plan à gauche), Chef d'État-major conjoint des forces armées brésiliennes.

2 Le 16 octobre, le Général d'armée Xu Qiliang, membre du Bureau politique du CC du PCC et Vice-Président de la Commission militaire centrale, rencontre, à Beijing, le Ministre soudanais de la Défense Abdel Rahim Mohamed Hussein (à gauche).

3 Le 8 avril, le Général d'armée Chang Wanquan, Conseiller d'État et Ministre de la Défense nationale, rencontre la presse à Beijing aux côtés du Secrétaire américain à la Défense Chuck Hagel (à gauche) en visite en Chine.

第六部分　交流互鉴　共圆梦想
Part 6　Exchanges and Mutual Learning in Pursuit of Respective Dreams
Partie 6　Échanges et inspiration mutuelle pour la réalisation des rêves respectifs

各领域交往

5月21日，参加"中俄海上联合—2014军事演习"的中俄海军双方有关参演人员进行图上推演。

On 21 May, Chinese and Russian marine military officials taking part in the "Joint Sea-2014 China-Russia Military Exercise" conducted table-top exercise.

Le 21 mai, des officiers des Marines chinoise et russe conduisent un exercice sur carte dans le cadre de la manœuvre navale conjointe sino-russe 2014.

6月至8月，中国海军舰艇编队赴美国参加"环太平洋—2014"联合军演，并访问美国圣迭戈。

From June to August, a Chinese naval flotilla participated in the "Rim of the Pacific 2014" Joint Military Exercise in the United States and made a port visit in San Diego.

De juin en août, la flotte de la Marine chinoise participe à l'exercice militaire conjoint RIMPAC 2014 aux États-Unis et visite San Diego.

5月16日，中共中央政治局委员、天津市委书记孙春兰（中）在德国沃尔夫斯堡市参观大众汽车公司。

On 16 May, Sun Chunlan (center), Member of the Political Bureau of the CPC Central Committee and Secretary of the CPC Tianjin Municipal Committee, visited Volkswagen company in Wolfsburg, Germany.

Le 16 mai, Mme Sun Chunlan (au milieu), membre du Bureau politique du CC du PCC et Secrétaire du Comité du PCC pour la municipalité de Tianjin, visite la société Volkswagen à Wolfsburg, en Allemagne.

6月13日，中共中央政治局委员、重庆市委书记孙政才（左）在波兰克拉科夫会见小波兰省副省长罗曼·切皮埃拉。

On 13 June, Sun Zhengcai (left), Member of the Political Bureau of the CPC Central Committee and Secretary of the CPC Chongqing Municipal Committee, met with Vice Governor of Lesser Poland Voivodeship Roman Piqiella in Cracow, Poland.

Le 13 juin, M. Sun Zhengcai (à gauche), membre du Bureau politique du CC du PCC et Secrétaire du Comité du PCC pour la municipalité de Chongqing, rencontre, à Cracovie, en Pologne, le Vice-Président de la région de Petite-Pologne Roman Ciepiela.

各领域交往

第六部分 交流互鉴 共圆梦想
Part 6　Exchanges and Mutual Learning in Pursuit of Respective Dreams
Partie 6　Échanges et inspiration mutuelle pour la réalisation des rêves respectifs

8月11日，外交部副部长张业遂（左七）在北京出席"外交学会与美国国会"图片展。

On 11 August, Executive Vice Foreign Minister Zhang Yesui (seventh from left) attended the "China People's Institute of Foreign Affairs & United States Congress" photo exhibition in Beijing.

Le 11 août, le Vice-Ministre des Affaires étrangères Zhang Yesui (7ᵉ à gauche) assiste, à Beijing, à l'exposition photographique « L'Institut de Politique étrangère du Peuple chinois et le Congrès des États-Unis depuis 1972 ».

7月4日，外交部部长助理刘建超（左一）在北京出席"建设中国—东盟命运共同体研讨会暨中国—东盟思想库网络启动大会"开幕式并致辞。

On 4 July, Assistant Foreign Minister Liu Jianchao (first from left) attended the Seminar on Building a China-ASEAN Community of Common Destiny and the launching ceremony of the Network of China-ASEAN Think Tanks in Beijing and delivered remarks.

Le 4 juillet, le Ministre assistant des Affaires étrangères Liu Jianchao (1ᵉʳ à gauche) participe à la cérémonie d'ouverture du Séminaire du NACT (réseau des think tanks Chine-ASEAN) sur la construction d'une communauté de destin Chine-ASEAN et y prononce une allocution.

1 12月4日，中日友好21世纪委员会中方首席委员唐家璇（前右）和日方首席委员西室泰三（前左）在北京出席第五届中日友好21世纪委员会全体会议。

2 12月2日，前国务委员、北京大学国际战略研究院名誉院长戴秉国在北京出席"国际安全形势与中国"国际学术研讨会暨首届"北阁对话"会议。

3 6月12日，中国公共外交协会会长李肇星（前左四）在北京出席第二届中韩公共外交论坛。

---

1 On 4 December, Top Chinese Member of the 21st Century Committee for China-Japan Friendship Tang Jiaxuan (right in the front) and his Japanese counterpart Taizo Nishimuro (left in the front) attended the plenary session of the fifth Committee in Beijing.

2 On 2 December, Dai Bingguo, former State Councilor and Honorary Dean of the School of International Studies of Peking University, attended the international seminar "In Search for Conflict Resolutions in a Turbulent World" and the first North Pavilion Dialogue meeting in Beijing.

3 On 12 June, President of the Public Diplomacy Association of China Li Zhaoxing (fourth from left in the front) attended the second China-ROK Public Diplomacy Forum in Beijing.

---

1 Le 4 décembre, M. Tang Jiaxuan (1er plan à droite) et M. Taizo Nishimuro (1er plan à gauche) participent, en leur qualité de Commissaire général du côté chinois et du côté japonais, à la 5e réunion plénière du Comité de l'Amitié Chine-Japon pour le 21e siècle à Beijing.

2 Le 2 décembre, à Beijing, l'ancien Conseiller d'État et Président honoraire de l'Institut des Études internationales et stratégiques de l'Université de Beijing Dai Bingguo participe au 1er Dialogue du Pavillon du Nord et Colloque international sur la situation sécuritaire internationale et la Chine.

3 Le 12 juin, le Président de l'Association de la Diplomatie publique de Chine Li Zhaoxing (1er plan, 4e à gauche) assiste, à Beijing, au 2e Forum sur la diplomatie publique Chine-République de Corée.

人文交流

第六部分　交流互鉴　共圆梦想
Part 6　Exchanges and Mutual Learning in Pursuit of Respective Dreams
Partie 6　Échanges et inspiration mutuelle pour la réalisation des rêves respectifs

3月29日，国家主席习近平（中右）和夫人彭丽媛（中左）在德国柏林奥林匹亚体育场足球场，与在德国训练的中国少年足球运动员和德国沃尔夫斯堡足球俱乐部少年队员合影。

On 29 March, President Xi Jinping (center right) and his wife Madam Peng Liyuan (center left) took a group photo with the Chinese teenage football players trained in Germany and the German teenage players from the VfL Wolfsburg Football Club at the football field of the Olympic Stadium of Berlin, Germany.

Le 29 mars, le Président Xi Jinping (au milieu, à droite) et son épouse Madame Peng Liyuan (au milieu, à gauche) posent pour une photo de famille avec de jeunes footballeurs chinois en stage d'entraînement en Allemagne et les joueurs juniors du Club VfL Wolfsburg sur le terrain de football du Stade Olympique de Berlin.

China's Foreign Affairs
Les affaires étrangères de la Chine

人文交流

11月17日，国家主席习近平（前左四）在澳大利亚堪培拉与澳大利亚总理阿博特（前左三）共同出席堪培拉"北京花园"、悉尼"中国文化中心"、悉尼科技大学图书馆"中国馆"揭牌仪式。

On 17 November, President Xi Jinping (fourth from left in the front) and Australian Prime Minister Tony Abbott (third from left in the front) attended the opening ceremony for the Beijing Garden in Canberra, the China Culture Center in Sydney and the "China Library" for the University of Technology Sydney at Canberra, Australia.

Le 17 novembre, le Président Xi Jinping (1er plan, 4e à gauche) et le Premier Ministre australien Tony Abbott (1er plan, 3e à gauche) assistent ensemble, à Canberra, en Australie, à la cérémonie d'inauguration du Jardin de Beijing à Canberra, du Centre culturel de Chine à Sydney et de la Bibliothèque de Chine à l'Université technologique de Sydney.

第六部分 交流互鉴 共圆梦想
Part 6 Exchanges and Mutual Learning in Pursuit of Respective Dreams
Partie 6 Échanges et inspiration mutuelle pour la réalisation des rêves respectifs

人文交流

5月5日,国务院总理李克强(前左四)和夫人程虹(前左三)与埃塞俄比亚总理海尔马里亚姆(前右二)、非洲联盟委员会主席祖马(前左二)在埃塞俄比亚亚的斯亚贝巴非盟会议中心共同参观中国铁路航空展。

On 5 May, Premier Li Keqiang (fourth from left in the front) and his wife Madam Cheng Hong (third from left in the front), Ethiopian Prime Minister Hailemariam Desalegn (second from right in the front) and Chairperson of the African Union Commission Dr. Nkosazana Dlamini Zuma visited the Aviation and Railway Exhibition of China in the AU Conference Center in Addis Ababa, Ethiopia.

Le 5 mai, le Premier Ministre du Conseil des Affaires d'État Li Keqiang (1er plan, 4e à gauche) et son épouse Cheng Hong (3e à gauche), le Premier Ministre éthiopien Haile Mariam Dessalegn (1er plan, 2e à droite) et la Présidente de la Commission de l'Union africaine (UA) Nkosazana Dlamini-Zuma (1er plan, 2e à gauche) visitent ensemble l'exposition sur le chemin de fer et l'aviation de la Chine au Centre de Conférences de l'UA à Addis-Abeba.

7月7日，国务院总理李克强（左二）在天坛公园祈年殿前广场与德国总理默克尔（左一）共同会见出席中德语言年闭幕式活动的两国青少年代表。

On 7 July, Premier Li Keqiang of the State Council (second from left) and German Chancellor Angela Merkel (first from left) met the Chinese and German youth representatives who attended the closing ceremony of the "Chinese-German Language Year" activities in the square in front of the Hall of Prayer for Good Harvest of the Temple of Heaven.

Le 7 juillet, le Premier Ministre du Conseil des Affaires d'État Li Keqiang (2ᵉ à gauche) et la Chancelière allemande Angela Merkel (1ᵉʳᵉ à gauche) rencontrent ensemble, sur l'esplanade devant la Salle des Prières pour les bonnes récoltes dans le Parc du Temple du Ciel, les représentants des jeunes des deux pays qui assistent à la cérémonie de clôture de l'année linguistique croisée Chine-Allemagne.

人文交流

第六部分 交流互鉴 共圆梦想
Part 6　Exchanges and Mutual Learning in Pursuit of Respective Dreams
Partie 6　Échanges et inspiration mutuelle pour la réalisation des rêves respectifs

6月11日，中共中央政治局常委、中央书记处书记刘云山（右三）在丹麦哥本哈根中国文化中心为《孔子》铜像雕塑作品揭幕。

On 11 June, Liu Yunshan (third from right), Member of the Standing Committee of the Political Bureau and Member of the Secretariat of the CPC Central Committee, unveiled the statue of Confucius in the China Culture Center in Copenhagen, Denmark.

Le 11 juin, M. Liu Yunshan (3ᵉ à droite), membre du Comité permanent du Bureau politique et membre du Secrétariat du CC du PCC, dévoile une statue en bronze de Confucius au Centre culturel de Chine à Copenhague au Danemark.

10月24日，中共中央政治局常委、中央纪委书记王岐山（右）在北京会见清华大学经济管理学院顾问委员会海外委员。

On 24 October, Wang Qishan (right), Member of the Standing Committee of the Political Bureau and Secretary of the Central Commission for Discipline Inspection of the CPC Central Committee, met with foreign members of the Advisory Board of Tsinghua University School of Economics and Management.

Le 24 octobre, M. Wang Qishan (à droite), membre du Comité permanent du Bureau politique du CC du PCC et Secrétaire de la Commission centrale de contrôle de la discipline du PCC, rencontre, à Beijing, des membres étrangers du Conseil consultatif de l'École d'Économie et de Gestion de l'Université Tsinghua.

9月6日，国务院副总理刘延东（前右）在北京与欧盟委员会教育、文化、语言多样性及青年事务委员安德鲁拉·瓦西利乌（前左）共同主持中欧高级别人文交流对话机制第二次会议。

On 6 September, Vice Premier Liu Yandong of the State Council (right in front) and Androulla Vassiliou (left in front), Commissioner for Education, Culture, Multilingualism and Youth of the EU, co-chaired the second meeting of the Mechanism on China-EU High-Level People-to-People Dialogue in Beijing.

Le 6 septembre, la Vice-Premier Ministre du Conseil des Affaires d'État Liu Yandong (1er plan, à droite) et la Commissaire européenne à l'Éducation, à la Culture, au Multilinguisme et à la Jeunesse Androulla Vassiliou (1er plan, à gauche) coprésident, à Beijing, la 2e réunion du Dialogue de haut niveau Chine-UE sur les échanges humains.

7月14日，中共中央政治局委员、北京市委书记郭金龙（中）在肯尼亚出席"北京电视剧非洲展播季"启动仪式。

On 14 July, Guo Jinlong (center), Member of the Political Bureau of the CPC Central Committee and Secretary of the CPC Beijing Municipal Committee, attended in Kenya the launching ceremony of the Beijing TV Dramas Broadcasting Exhibition in Africa.

Le 14 juillet, M. Guo Jinlong (au milieu), membre du Bureau politique du CC du PCC et Secrétaire du Comité du PCC pour la municipalité de Beijing, assiste, au Kenya, à la cérémonie de lancement de la Saison des feuilletons de Beijing en Afrique.

人文交流

第六部分 交流互鉴 共圆梦想
Part 6 Exchanges and Mutual Learning in Pursuit of Respective Dreams
Partie 6 Échanges et inspiration mutuelle pour la réalisation des rêves respectifs

2月11日,国务委员杨洁篪(前右一)在印度新德里同印度副总统安萨里(前右二)出席"中印友好交流年"启动仪式。

On 11 February, State Councilor Yang Jiechi (first from right in front) and Indian Vice President Mohammad Hamid Ansari (second from right in the front) attended the launching ceremony of the China-India Year of Friendly Exchanges in New Deli, India.

Le 11 février, le Conseiller d'État Yang Jiechi (1er plan, 1er à droite) et le Vice-Président indien Mohammad Hamid Ansari (1er plan, 2e à droite) assistent ensemble, à New Delhi, en Inde, à la cérémonie de lancement de l'Année des échanges amicaux Chine-Inde.

4月7日,2014中国—东盟文化交流年开幕式在北京举行。

On 7 April, the opening ceremony of the Year of China-ASEAN Cultural Exchanges was held in Beijing.

Le 7 avril, la cérémonie d'ouverture de l'Année des échanges culturels Chine-ASEAN se tient à Beijing.

10月19日，外交部长王毅（前左二）在北京出席第六届"大爱无国界"国际义卖活动并在巡展时购买义卖商品。110多位驻华使馆、国际组织驻华机构代表参加，为中国贫困山区孩子献爱心。

On 19 October, Foreign Minister Wang Yi (second from left in the front) attended the sixth "Love Knows No Borders" International Charity Sale in Beijing and made purchases at the sale. Over 110 representatives from diplomatic missions and offices of international organizations in China attended the sale and their donations went to children in poor mountainous areas in China.

Le 19 octobre, le Ministre des Affaires étrangères Wang Yi (1er plan, 2e à gauche) assiste, à Beijing, à la 6e édition de la vente de charité internationale « Amour sans frontière » et achète des articles sur un stand. Plus de 110 représentants de missions diplomatiques ou de représentations d'organisations internationales accréditées en Chine y participent et marquent leur solidarité envers les enfants des régions montagneuses défavorisées de la Chine.

1月23日，中国驻朝鲜大使刘洪才（前右三）在朝中友好农场与朝鲜民众载歌载舞，欢度新春。

On 23 January, Chinese Ambassador to the Democratic People's Republic of Korea Liu Hongcai (third from right in the front) sang and danced with the local people to celebrate the Spring Festival at the DPRK-China Friendship Thaekam Cooperative Farm.

Le 23 janvier, l'Ambassadeur de Chine en RPDC Liu Hongcai (1er plan, 3e à droite) chante et danse avec des habitants locaux à la Ferme d'amitié RPDC-Chine pour célébrer le Nouvel An chinois.

人文交流

第六部分　交流互鉴　共圆梦想
Part 6　Exchanges and Mutual Learning in Pursuit of Respective Dreams
Partie 6　Échanges et inspiration mutuelle pour la réalisation des rêves respectifs

1月25日，中国驻美国大使崔天凯（前右）在美国华盛顿出席史密森学会美国艺术博物馆举办的"中国新年家庭日"活动。

On 25 January, Chinese Ambassador to the United States Cui Tiankai (front right) attended the "Chinese New Year Family Day" activities held by the Smithsonian American Art Museum in Washington D.C., the United States.

Le 25 janvier, l'Ambassadeur de Chine aux États-Unis Cui Tiankai (1ᵉʳ plan, à droite) assiste, à Washington, à la Journée de famille placée sous le thème du Nouvel An chinois au Musée Smithsonian d'Art américain.

3月19日，中国驻法国大使翟隽（前右）在法国巴黎出席"和他/她一起算"中法中学生数学竞赛开赛活动，并为学生发放考卷。

On 19 March, Chinese Ambassador to France Zhai Jun (front right) attended the launching of the math competition "Count with Him/Her" for Chinese and French middle school students in Paris, France, and handed out exam papers to the students.

Le 19 mars, l'Ambassadeur de Chine en France Zhai Jun (1ᵉʳ plan, à droite) assiste, à Paris, au lancement du concours de mathématiques « Compter avec l'autre » entre lycéens chinois et français et distribue des sujets aux élèves.

6月19日，中国驻欧盟使团团长杨燕怡大使（前左三）在比利时布鲁塞尔和中欧观众一起为参加第一届中欧乒乓球友谊赛的双方球员加油喝彩。

On 19 June, Ambassador Yang Yanyi (third from left in the front), Head of the Chinese Mission to the EU, cheered with Chinese and European audience for the players in the first China-EU Friendship Table Tennis Tournament in Brussels, Belgium.

Le 19 juin, la Chef de la Mission de la Chine auprès de l'Union européenne Yang Yanyi (1er plan, 3e à gauche) et des spectateurs chinois et européens acclament les joueurs de la première édition du match d'amitié sino-européen de ping-pong à Bruxelles, en Belgique.

9月26日，中国驻俄罗斯大使李辉（前右一）走访俄罗斯莫斯科中国文化中心，与文化中心武术班的俄罗斯学员交谈。

On 26 September, Chinese Ambassador to Russia Li Hui (first from right in the front) visited the China Culture Center in Moscow and talked with the Russian students of the martial arts class.

Le 26 septembre, l'Ambassadeur de Chine en Russie Li Hui (1er plan, 1er à droite) visite le Centre culturel de Chine à Moscou et échange avec des élèves russes d'arts martiaux.

人文交流

第六部分 交流互鉴 共圆梦想
Part 6 Exchanges and Mutual Learning in Pursuit of Respective Dreams
Partie 6 Échanges et inspiration mutuelle pour la réalisation des rêves respectifs

10月29日，外交部驻澳门特别行政区特派员胡正跃（左一）在澳门出席"庆祝澳门回归暨外交部驻澳门特别行政区特派员公署成立十五周年招待会"并致辞。

On 29 October, Commissioner of the Ministry of Foreign Affairs in Macao Special Administrative Region Hu Zhengyue (first from left) attended and delivered remarks at the reception celebrating the 15th anniversary of Macau's return to the motherland and the establishment of the Office of the Commissioner of the Ministry of Foreign Affairs of the PRC in the Macau SAR in Macau.

Le 29 octobre, le Commissaire du Ministère des Affaires étrangères dans la Région administrative spéciale de Macao Hu Zhengyue (1er à gauche) assiste, à Macao, à la réception célébrant le 15e anniversaire du retour de Macao au sein de la mère-patrie et de l'établissement de l'Office du Commissaire du Ministère des Affaires étrangères dans la RAS de Macao et y prononce une allocution.

2月9日，中国驻圭亚那大使张利民（右三）在圭亚那国家公园陪同圭亚那总理海因兹（右二）参观中国春节庙会。

On 9 February, Chinese Ambassador to Guyana Zhang Limin (third from right) accompanied Prime Minister of Guyana Sam Hinds (second from right) at the Chinese Spring Festival Temple Fair at the National Park of Guyana.

Le 9 février, l'Ambassadeur de Chine au Guyana Zhang Limin (3e à droite) accompagne le Premier Ministre guyanien Sam Hinds (2e à droite) pour une visite à la Foire du Nouvel An chinois au parc national du Guyana.

3月4日，中国驻立陶宛大使刘增文（左一）为立陶宛维尔纽斯中学生讲解如何包饺子。

On 4 March, Chinese Ambassador to Lithuania Liu Zengwen (first from left) taught the Lithuanian middle school students in Vilnius how to make Chinese dumplings.

Le 4 mars, l'Ambassadeur de Chine en Lituanie Liu Zengwen (1er à gauche) apprend aux élèves d'une école secondaire de Vilnius à faire des raviolis.

6月12日，俄罗斯舞龙队在俄罗斯圣彼得堡市表演舞龙。

On 12 June, a Russian dragon dance troupe performed in St. Petersburg, Russia.

Le 12 juin, une danse du dragon est présentée par une troupe russe à Saint-Pétersbourg, en Russie.

人文交流

7月11日,"加拿大—中国民俗文化节"在加拿大多伦多举办。图为当地民众学习制作中国风筝。(上图)

9月27日,莫桑比克蒙德拉内大学孔子学院举办活动,当地学生学习写中国字。(下图)

On 11 July, a Canada-China folk art festival was held in Toronto, Canada. The picture shows the local people learning how to make a Chinese kite. (Upper picture)

On 27 September, the Confucius Institute at Mondlane University held some activities, teaching local students to write Chinese characters. (Lower picture)

Le 11 juillet, le festival de cultures folkloriques chinoises « China Now » s'est tenu à Toronto, au Canada. Sur la photo, des habitants locaux apprennent à faire des cerfs-volants. (Photo en haut)

Le 27 septembre, des étudiants s'initient à la calligraphie chinoise à l'Institut Confucius de l'Université Eduardo Mondlane au Mozambique. (Photo en bas)

9月27日，青海省演员在法国洛林大区南锡市政厅广场前表演藏族歌舞，吸引当地大批观众观看。

On 27 September, the Tibetan singing and dancing by performers from Qinghai Province attracted many local people at the Town Hall of Nancy of the Lorraine Region in France.

Le 27 septembre, des artistes de la province du Qinghai présentent des chants et danses tibétains sur la place devant l'hôtel de ville de Nancy, en Lorraine, en France, attirant une grande foule.

人文交流

第六部分　交流互鉴　共圆梦想
Part 6　Exchanges and Mutual Learning in Pursuit of Respective Dreams
Partie 6　Échanges et inspiration mutuelle pour la réalisation des rêves respectifs

10月11日，中国驻坦桑尼亚使馆举办"弘扬坦赞铁路精神、促进环境和野生动物保护"大型民间友好活动，邀请坦桑尼亚学生及政府官员等再走坦赞铁路，重温传统友谊。

On 11 October, the Chinese Embassy in Tanzania held large-scale people-to-people friendship activities, themed "carrying forward Tanzara Railway spirit and promoting protection of environment and wildlife". Tanzanian students and government officials were invited for a train ride on the Tanzara railway, a symbol of the traditional friendship.

Le 11 octobre, l'Ambassade de Chine en Tanzanie organise une grande manifestation d'amitié populaire « Revisiter le chemin de fer Tanzam, promouvoir la conservation » en invitant des étudiants et officiels tanzaniens à revisiter le chemin de fer Tanzanie-Zambie pour revivre l'amitié traditionnelle.

图书在版编目（CIP）数据

中国外交：2015版/中华人民共和国外交部政策规划司编著. —北京：世界知识出版社，2015.7
ISBN 978-7-5012-4985-5

Ⅰ. ①中… Ⅱ. ①中… Ⅲ. ①外交—中国—2015—画册 Ⅳ. ①D82-64

中国版本图书馆CIP数据核字（2015）第166453号

编 辑 组	孙安林　赵煜光　潘海涛　罗　婧　金德旻
责 任 编 辑	张迎辉
美 术 编 辑	甄树刚
版 式 设 计	祁雄臻
责 任 出 版	赵　玥
责 任 校 对	陈可望
书　　　名	中国外交 2015版 China's Foreign Affairs Les affaires étrangères de la Chine
编　　　著	中华人民共和国外交部政策规划司
出 版 发 行	世界知识出版社
地 址 邮 编	北京市东城区干面胡同51号（100010）
电　　　话	010-65265923（发行）010-85119023（邮购）
经　　　销	新华书店
图片主要来源	新华社　中新社　外交部
网　　　址	www.wap1934.com
制　　　版	北京日光清美艺术有限公司
印　　　刷	北京宝隆世纪印刷有限公司
开 本 印 张	787×1092毫米　1/8　　30印张
版 次 印 次	2015年8月第一版　2015年8月第一次印刷
标 准 书 号	ISBN 978-7-5012-4985-5
定　　　价	300.00元

■ 版权所有　侵权必究